BIBLIOTEKA »REČ I MISAO«

KNJIGA 428

NADIN GORDIMER

DVA METRA ZEMLJE

IZDAVAČKA RADNA ORGANIZACIJA »RAD«
BEOGRAD, 1989.

DVA METRA ZEMLJE

Moja žena i ja nismo pravi farmeri — čak ni Lerisa nije, pravo govoreći. Kupili smo imanje, deset milja van Johanesburga, na jednom od glavnih puteva, ne bismo li, valjda, promenili nešto u nama samima; mnogo se priča u braku kao što je naš. Kada sondira svoj brak, čovek čezne da čuje samo duboku tišinu koja ga ispunjava zadovoljstvom. Farma nam to nije pružila, naravno, ali nam je pružila druge stvari, neočekivane, nelogične. Lerisa, za koju sam mislio da će se tamo povući u čehovljevskoj seti na nekoliko meseci, zatim prepustiti imanje slugama dok još jednom bude pokušavala da dobije ulogu koju je priželjkivala i postane glumica kakva bi volela da bude, utonula je u posao sa svom ozbiljnom žestinom sa kojom je nekada pronicala u nejasnoće u mašti dramskog pisca. Da nije bilo nje, sve bih ja to još davno napustio. Njene ruke, nekada male, jednostavne i lepo odnegovane — nije ona bila ona vrsta glumice koja se karminiše i nosi dijamantsko prstenje — grube su kao pseće šape.

Ja, naravno, ja sam tamo samo naveče i vikendom. Suvlasnik sam u jednoj putničkoj agenciji koja cveta — tako mora da bude, kao što govorim Lerisi, da bi se farma održala. Pa ipak, iako znam da ona prevazilazi naše mogućnosti i mada me sladunjav miris živine koju Lerisa gaji tera na povraćanje, tako da izbegnem da prođem pored živinarnika, farma je divna na način na koji sam skoro zaboravio — naročito nedeljom ujutro kad ustanem i odem do konjušnice i ne ugledam palme, i ribnjak, i bazenčić za ptice od imitacije kamena, kakvih ima po predgrađima, već bele patke na brani i polje lucerke, koja se sija kao trava koju koriste dekorateri izloga, i malog, zdepastog, podlookog bika, pohotnog, ali koji se dosađuje dok mu jedna od njegovih dama nežno liže lice. Lerisa izlazi neočešljane kose, u ruci joj štap sa koga kaplje tečnost za dezinfekciju stoke. Za trenutak će zastati i gledati zaneto, onako kako se nekada pretvarala da gleda u onim komadima. »Sutra će se pariti«, reći će. »Danas im je drugi dan. Vidi kako ga voli, mali moj Napoleon.« I tako, kad nam nedeljom po podne dođu ljudi u posetu, može se dogoditi da čujem sebe kako govorim: »Kada se kolima vraćam kući iz grada svakoga dana pored onih nizova zgrada u predgrađu, pitam se kako smo, do vraga, uopšte mogli to da podnesemo ... Hoćete li malo da razgledate?« I eto mene kako vodim neku lepu ženicu i njenog muža saplićući se dole ka našoj rečnoj obali, ženica zakačinje čarapama o stabljike kukuruza i preskače kravlju balegu koja sva vrvi od zlatnozelenih muva i govori, »... *napetosti* prokletog grada. A opet, dovoljno ste blizu da dođete u grad na neku priredbu! Ja mislim da je to divno. Pa vi imate i jedno i drugo!«

I za trenutak prihvatim taj trijumf kao da sam u tome *zaista* uspeo — nemogućnost koju sam stavljao na probu čitavog svog života: kao da je istina bila u tome da čovek može da postigne »i jedno i drugo«, a ne da ostane i bez jednog i bez drugog, već sa trećim koje uopšte nije predvideo.

Čak i u našim zdravijim trenucima, kada nalazim da Lerisina ovozemaljska oduševljenja iritiraju isto toliko koliko sam nekada smatrao da to čine i njena pozorišna, a ona smatra ono što naziva mojom »ljubomorom« na njenu sposobnost za entuzijazam najvećim dokazom moje nepodobnosti prema njoj kao muškarca, verujemo da smo bar časno umakli onim napetostima osobenim za grad o kome naši posetioci govore. Kad stanovnici Johanesburga govore o »napetosti«, oni ne misle na užurbane ljude na prepunim ulicama, na borbu za novac niti opšti takmičarski karakter gradskog života. Oni misle na pištolje pod jastucima belaca i alarmne poluge na prozorima belaca. Oni misle na one čudne trenutke na gradskim trotoarima kada crnac neće da se skloni belcu u stranu.

Van grada, makar to bilo i samo deset milja, život je bolji. Na selu postoji neki ostatak predprelaznog perioda koji se povlači; naš odnos sa crncima je skoro feudalan. Pogrešan, rekao bih, zastareo, ali lagodniji za svakoga. Nemamo alarmnih poluga, nema pištolja. Lerisini momci na farmi imaju svoje žene i svoje crnčiće koji zajedno žive na imanju. Prave svoje kiselo pivo bez bojazni od upada policije. U stvari, uvek smo se ponosili što ti kukavci nemaju mnogo čega da se plaše, jer su uz nas; Lerisa čak pazi na njihovu decu, uz svu sposobnost žene koja nikada nije imala svoje dete, pa još ih i sve leči — decu i odrasle — kao bebe, kad god se razbole.

I baš zbog svega ovoga nismo se nešto naročito prepali jedne noći, prošle zime, kada je dečak Albert došao i zakucao na naš prozor, dugo nakon što smo već bili legli. Nisam bio u našem krevetu već sam spavao u maloj sobi za odevanje i odlaganje posteljine koja je odmah uz ovu, jer me je Lerisa naljutila, a nisam hteo da ja budem taj koji će omekšati pred njom samo zbog opojnog mirisa talk-pudera na njenom telu posle kupanja. Došla je i probudila me. »Albert kaže da je jedan od dečaka jako bolestan«, reče ona. «Mislim da bi bilo bolje da odeš i pogledaš. Ne bi nas on u ovo doba budio tek tako«.

»Koliko je sati?«

»Kakve to veze ima?« Lerisa je ludo logična. Ustao sam nespretno dok me je posmatrala — kako to da se uvek osećam kao budala kad napustim njenu postelju? Najzad, po tome što me nikada ne gleda dok mi govori za doručkom narednog dana, znam da je povređena i ponižena time što je ne želim — i izašao sam, trapav zbog pospanosti.

»O kome je dečaku reč?«, pitao sam Alberta dok smo pratili poigravanje svetlosti moje baterije.

»Mnogo je bolestan. Veoma bolestan«, reče on.

»Ali ko? Franc?« Setio sam se da je prethodne nedelje Franc imao jak kašalj.

Albert nije odgovorio; prepustio mi je stazu i išao pored mene kroz visoku i suvu travu. Kada mu je svetlost lampe zakačila lice, video sam da je izgledao strašno zbunjen. »Šta se zapravo dešava?«, rekoh.

Pognuo je glavu pod pogledom svetlosti. »Nisam ja, gazda. Ja ne znam. Petrus me je poslao.«

Iznerviran, požurivao sam ga ka kućercima. A tamo, na Petrusovom gvozdenom krevetu, oslonjenom na cigle, ležao je mladić, mrtav. Na čelu mu je još uvek bio lak, hladan znoj; telo mu je bilo toplo. Dečaci su stajali u krugu kao što to čine u kuhinji kada se otkrije da je neko polupao činiju — bez volje za saradnju, nemi. Nečija žena se motala u polumraku, ruku spletenih ispod kecelje.

Još od rata nisam video mrtvaca. Ovo je bilo sasvim različito. Osećao sam se kao i drugi — nevažnim, beskorisnim. »Šta se desilo?«, pitao sam.

Žena se udarala po grudima i odmahivala glavom kako bi pokazala da od bola ne može da diše.

Mora da je umro od upale pluća.

6

Obratio sam se Petrusu. »Ko je bio ovaj dečak? Šta je radio ovde?« Svetlost sveće na podu je pokazivala da je Petrus plakao. Ispratio me je napolje.

Kad smo se našli napolju, u mraku, čekao sam da progovori. Ali on nije progovorio. »De, hajde, Petruse, moraš mi reći ko je bio taj dečak. Da li je on bio neki tvoj prijatelj?«

»On je moj brat, gazda. Došao je iz Rodezije da potraži posao.«

Priča je malo uplašila i Lerisu i mene. Dečak je došao pešice iz Rodezije da potraži posao u Johanesburgu, prehladio se spavajući napolju u toku puta i ležao je bolestan u kućici svoga brata Petrusa od svog dolaska pre tri dana. Naši radnici su se plašili da od nas zatraže pomoć, jer mi uopšte nije ni trebalo da znamo o njegovom prisustvu. Rodežanima je zabranjeno da uđu u Uniju bez dozvole; mladić je bio ilegalni doseljenik. Nema sumnje da su naši radnici tu stvar uspešno obavili nekoliko puta i pre toga; jedan broj radnika mora da je prepešačio tih sedam ili osam stotina milja od bede do raja širokih pantalona, policijskih racija i crnačkih opština siromašnih predgrađa koja su njihov *Egoli*, Zlatni grad — afrički naziv za Johanesburg. Jednostavno je trebalo dovesti takvog čoveka da čuči na našoj farmi dok mu se ne nađe posao kod nekoga ko bi bio srećan da rizikuje da ga gone zbog zapošljavanja ilegalnog doseljenika u zamenu za usluge nekoga koga grad još uvek nije pokvario.

E, pa, ovaj više nikada neće ustati.

»Čovek bi pomislio da su mogli da osete da mogu *nama* da kažu«, reče Lerisa narednog jutra. »Pošto se taj razboleo. Čovek bi bar pomislio . . .« Kad se na nešto usredsredi ona ima neki poseban način na koji stoji nasred sobe kao ljudi koji uskoro treba da krenu na put i ispitivački gleda oko sebe na predmete koje najbolje poznaje kao da ih nikada ranije nije videla. Primetio sam to kada je Petrus bio u kuhinji, još ranije, izgledala je kao da je vređa njegovo prisustvo, skoro povređena.

U svakom slučaju, ja stvarno više nemam ni vremena ni namere da ulazim u sve ono u našem životu u šta znam da bi Lerisa, sudeći po tim njenim usplahirenim i upornim očima, želela da se upustimo. Ona je od one vrste žena kojim nije važno da li izgledaju prosto ili čudno; mislim da bi je baš bilo briga čak i kada bi znala kako čudno izgleda kad joj se čitavo lice izobliči od neke silne neizvesnosti. Rekoh: »Pretpostavljam da sam ja sad taj koji treba da obavi sav taj prljavi posao.«

Još uvek me je netremice gledala, ispitujući me onim očima — uzalud, samo da je znala.

»Moraću da obavestim zdravstvenu službu«, rekoh mirno. »Ne mogu oni da ga tek tako odvezu i sahrane. Konačno, mi i ne znamo od čega je umro.«

Ona je jednostavno stajala tamo, kao da je digla ruke — jednostavno prestala da me uopšte vidi.

Ne znam kad sam se toliko iznervirao. »Možda je bilo i nešto zarazno«, rekoh. »Bog sveti zna.« Nije bilo odgovora.

Nisam baš zaljubljen u to da pričam sam sa sobom. Izašao sam napolje da doviknem jednom od radnika da otvori garažu i pripremi kola za moj jutarnji odlazak u grad.

Kao što sam i očekivao, pokazalo se da je to velika petljancija. Morao sam da obavestim i policiju i zdravstvene službe i da odgovorim na mnoga pitanja: kako to da nisam znao za dečakovo prisustvo? Ako nisam kontrolisao stanove mojih domorodaca, kako sam znao da se takvo šta nije

8

stalno dešavalo? A kada sam planuo i rekao da dokle god moji domoroci obavljaju svoj posao, nisam mislio da imam prava ili da mi je posao da guram svoj nos u njihove privatne živote, grubi, tupavi policijski narednik me je pogledao s izrazom koji nije rezultat nikakvog procesa razmišljanja koji se odvija u mozgu, već potiče od sposobnosti koja je zajednička svima koji su opsednuti teorijom gospodareće rase — s izrazom maloumne šupljoglave sigurnosti. Iscerio se na mene s nekom mešavinom prezira i ushićenja zbog moje gluposti.

Zatim sam morao da objasnim Petrusu zbog čega je zdravstvena služba morala da odnese telo na obdukciju — i, u stvari, šta obdukcija znači. Kada sam nekoliko dana kasnije telefonirao odeljenju za zdravstvo da bih saznao rezultat, rekli su mi da je uzrok smrti bio, kao što smo i mislili, upala pluća, i da je sa telom shodno postupljeno. Otišao sam do mesta gde je Petrus mešao kašu za živinu i rekao mu da je sve u redu, da neće biti nikakvih problema; brat mu je umro od onog bola u grudima. Petrus je spustio kanticu od parafina i rekao, »Kad možemo da odemo da ga donesemo, gazda?«

»Da ga donesete?«

»Hoće li gazda molim vas da ih pita kad moramo da dođemo?«

Vratio sam se natrag u kuću i pozvao Lerisu, dozivao sam po čitavoj kući. Sišla je stepenicama koje vode od spavaćih soba za goste, a ja rekoh: »Šta sad da radim? Kad sam rekao Petrusu, on me je samo mirno upitao kad bi mogli da odu i donesu telo. Oni misle da će ga sami sahraniti.«

»Pa, vrati se pa mu kaži«, reče Lerisa. »Moraš mu reći. Zašto mu odmah nisi rekao?«

Kad sam ponovo našao Petrusa, pogledao me je uljudno. »Vidi, Petruse«, rekoh. »Ne možeš da

9

doneseš svog brata. Oni su to već obavili — oni su ga *sahranili*, shvataš?«

»Gde?«, rekao je polako, tupo, kao da je mislio da možda ne razume.

»Vidi, bio je stranac. Oni znaju da nije bio odavde, pa nisu znali da on ovde ima nekog svoga pa su mislili da moraju da ga sahrane.« Teško je bilo učiniti da grob jednog siromaška zazvuči kao privilegija.

»Molim vas, gazda, gazda mora da ih pita.« On pri tome nije mislio da želi da sazna na kom groblju. On jednostavno nije obraćao pažnju na neshvatljivu mašineriju za koju sam mu rekao da je počela da radi na njegovom mrtvom bratu; hteo je da mu vrate brata.

»Ali, Petruse«, rekoh, »kako mogu? Brat ti je već sahranjen. Ne mogu sad da ih pitam.«

»Oh, gazda!«, reče on. Stajao je opuštenih ruku uprljanih mekinjama, dok mu se krajičak usana grčio.

»Za ime Boga, Petruse, neće me ni saslušati! Uostalom, i ne mogu. Žao mi je, ne mogu to da učinim. Shvataš li?«

Gledao me je i dalje, sa svog stanovišta da belci imaju sve i mogu da učine što im je volja; ako nešto ne učine, to je zato što ne žele.

A onda, za ručkom, Lerisa je započela. »Mogao bi bar da telefoniraš«, reče ona.

»Isuse, a šta ti misliš ko sam ja? Zar se od mene očekuje da mrtve vraćam u život?«

Međutim, nisam mogao ni da preteram sa svojim izbegavanjem ove smešne odgovornosti koja mi je bila nametnuta. »Pozovi ih telefonom«, nastavila je ona. »Bar ćeš moći da mu kažeš da si to učinio i da su ti objasnili da je to nemoguće.«

Pošto smo popili kafu, ona je nestala negde u kuhinji. Malo kasnije se vratila da mi kaže: »Stari otac dolazi iz Rodezije da prisustvuje sahrani. Dobio je dozvolu i već je na putu.«

10

Na nesreću, nije bilo nemoguće dobiti telo natrag. Nadležni su rekli da je to donekle nepravilno, ali kako su higijenski uslovi bili ispunjeni, nisu mogli da odbiju dozvolu za ekshumaciju. Saznao sam da će to, zajedno sa grobarskim troškovima, koštati dvadeset funti. Eh, pomislio sam, time se sve rešava. Na otplatu po pet funti mesečno. Petrus sigurno nema dvadeset funti — a opet onda, kad to onom mrtvom ne može ništa da pomogne. Naravno da mu ja to ne bih ponudio. Dvadeset funti — ili bilo koju drugu razumnu svotu, kad je tako nešto u pitanju — ja bih bez reči dao na doktore i lekove koji su mogli da pomognu dečaku dok je bio živ. Pošto je mrtav, nisam uopšte imao nameru da ohrabrujem Petrusa da straći na jedan gest više nego što godišnje potroši da odene familiju.

Kad sam mu rekao, u kuhinji, te večeri, rekao je: »Dvadeset funti?«

Rekao sam: »Da, tako je, dvadeset funti.«

Na trenutak, imao sam utisak, sudeći po izrazu njegovog lica, da on nešto računa. Kada je progovorio, pomislio sam da mi se samo učinilo. »Mi moramo da platimo dvadeset funti!« rekao je nekim dalekim glasom kojim neko govori o nečemu što je tako nedostižno da o tome nema ni pomena.

»Dobro, Petruse«, rekao sam i vratio se u dnevnu sobu.

Sutra ujutro, pre nego što sam krenuo u grad, Petrus je tražio da me vidi. »Molim vas, gazda«, rekao je, smeteno, pružajući mi svežanj novčanica. Jadnici, oni su retko kad ti koji daju, a češće primaju, oni, u stvari, i ne znaju kako belcu da predaju novac. I tako je tu bilo, tih dvadeset funti, po jedna i po pola, jedne izguvžane i ispresavijane tako da su ličile na meke prljave dronjke, a druge glatke i prilično nove — Francov novac, pretpostavljam, i Albertov, i Dore kuvarice, i Jakoba

11

baštovana, i bogzna čiji još, sa svih farmi i okolnih malih poseda. Primio sam ga pre iznerviran nego iznenađen, stvarno — iznerviran zbog rasipanja, beskorisnosti ove žrtve ljudi koji su tako siromašni. Kao i svi drugi siromasi, pomislio sam, koji sebi uskraćuju pristojan život kako bi sebi obezbedili pristojnu smrt. Tako nešto neshvatljivo je ljudima kao što smo Lerisa i ja, koji gledamo život kao nešto što treba ekstravagantno potrošiti i, ukoliko uopšte razmišljamo o smrti, nju gledamo kao konačno bankrotstvo.

Radnici na farmi ionako ne rade subotom, pa je to bio dobar dan za pogreb. Petrus i njegov otac su od nas pozajmili kola i magarce da bi doneli mrtvački sanduk iz grada, gde je, rekao je Petrus Lerisi po njihovom povratku, sve bilo »fino« — sanduk ih je čekao, već hermetički zatvoren kako bi ih poštedeli onoga što mora da je neprijatan prizor posle dve nedelje u grobu. (Toliko je vremena bilo potrebno nadležnima i grobaru da izvrše sve pripreme za prenos tela.) Čitavo jutro kovčeg je ležao u Petrusovoj kućici u iščekivanju puta do malog groblja, odmah iza istočne granice naše farme, to je bila uspomena na dane kada je to bio pravi farmerski kraj, a ne otmeno gradsko imanje. Sasvim sam se slučajno našao tamo dole pored ograde kada je povorka tuda prošla; Lerisa je još jednom zaboravila na obećanje koje mi je dala i kuću učinila neupotrebljivom u subotnje popodne. Došao sam kući i pobesneo kad sam je zatekao u starim prljavim pantalonama, kose koja još od sinoć nije očešljana, a lak sa poda u dnevnoj sobi je bio sav ostrugan, moliću lepo. Zato sam ja uzeo štap br. 8 i otišao da uvežbavam prilazne udarce. U svojoj ljutnji sam zaboravio na pogreb, a setio sam ga se tek kada sam ugledao povorku kako mi se približava stazom koja je išla s druge strane ograde. Sa mesta na kome sam stajao, grobovi mogu sasvim dobro da se vide, a toga dana sunce je bleskalo na komadićima polomljene keramike, naherenom krstu domaće izrade i tegli od džema potamneloj od kišnice i uvelog cveća.

Osećao sam se malo neprijatno i nisam znao da li da nastavim da udaram svoju lopticu ili da prestanem bar dok se čitav skup pristojno ne udalji. Magareća zaprega škripi i cijuče sa svakim obrtom točkova, a pridolazila je laganim, usporenim tempom nekako čudno prilagođenim dvama magarcima koji su je vukli, pupavi trbusi su se, onako grubi, trli jedan o drugi, glava utonulih između ruda, ušiju poravnatih unazad, pognuta i pokorna izgleda; čudno prilagođena, isto tako, grupa muškaraca i žena koja je lagano za njima pridolazila. Strpljivi magarac. Posmatrajući tako, pomislih — sada je jasno zbog čega je to stvorenje postalo biblijski simbol. Zatim je povorka došla naspram mene i zastala, pa sam morao da spustim svoj štap. Skinuli su kovčeg sa kola — bio je sjajan, od žuto lakiranog drveta, kao jeftin nameštaj, a magarci su tresli ušima da oteraju mušice. Petrus, Franc, Albert i stari otac iz Rodezije podigli su ga na ramena i povorka je dalje krenula pešice. Bio je zaista čudan trenutak. Stajao sam tamo prilično glupo kraj ograde, sasvim miran, a oni su lagano prošli u nizu, ne podižući pogleda, ta četvorica ispod sjajnog drvenog sanduka i grupa ožalošćenih koja se udaljavala. Svi su oni bili naše sluge ili sluge naših suseda koje sam poznavao kao površne nezlonamerne tračere na našem imanju ili u našoj kuhinji. Čuo sam starca kako diše.

Taman sam se sagao da ponovo podignem štap kada se začula neka vrsta komešanja u nenarušenoj svečanoj ozbiljnosti raspoloženja povorke; odmah sam to osetio, kao topli talas u vazduhu ili kao one iznenadne struje hladnoće koje vam se hvataju oko nogu u mirnom potoku. Starčev glas

13

je nešto mrmljao; ljudi su zastali, zbunjeni, sudarajući se međusobno, neki požurivali da se ide dalje, drugi šuštavim glasom opominjali na tišinu. Video sam da im je bilo neprijatno, ali nisu mogli ni da zanemare glas. Ličio je na mrmljanje nekog proroka, mada isprva nejasan, koji pleni razum. Ćošak kovčega koji je nosio starac naginjao se. Kao da je pokušavao da se izvuče ispod njegove težine. Sada je Petrus raspravljao sa sa njim.

Mališan koga su ostavili da pazi na magarce ispusti uzde i otrča da vidi. Ne znam zbog čega — sem ako nije iz istog razloga zbog koga se ljudi okupe oko nekoga ko se onesvestio u bioskopu — tek, razmaknuo sam žice na ogradi i pošao, za njim.

Petrus me pogleda — ne prepoznajući me — sav jadan i užasnut. Starac iz Rodezije je sasvim ispustio kovčeg, a ostala trojica, nemoćni da ga sami drže, spustili su ga na zemlju, na put. Na njegovim sjajnim stranama već se video kako leluja tanak sloj prašine. Nisam razumeo šta je starac govorio; oklevao sam da se umešam. Sada se čitava uskomešana grupa sručila na moju tišinu. Lično mi je prišao starac, ispruženih ruku koje su podrhtavale, direktno mi se obratio, rekavši nešto što sam mogao da razaznam po tonu, a da nisam razumeo reči, da je bilo zapanjujuće i čudnovato.

»Šta je bilo, Petruse? Šta nije u redu?«, obratio sam se.

Petrus je podizao ruke uvis, povijao glavu u nizu histeričnih trzaja, a zatim se iznenada uneo licem u mene. »On kaže, 'Moj sin nije bio toliko težak'.«

Tajac. Mogao sam da čujem starca kako diše. Držao je usta malo otvorena, kao što to čine starci.

»Moj sin je bio mlad i mršav«, reče on napo-
kon, na engleskom.

Opet tajac. Provali se žagor. Starac je grmeo
na svakoga. Zubi su mu bili požuteli i retki, a imao
je i one fine, prosede, neodoljive brkove koji se
više često ne viđaju, koji mora da su negovani
iz surevnjivosti prema prvim graditeljima Impe-
rije. Oni kao da su davali okvir posebne važnosti
svemu onome što je govorio. Zapanjio je čitav
skup, mislili su da je poludeo, ali su morali da ga
slušaju. Sopstvenim rukama je počeo da otvara
poklopac kovčega, a još trojica ljudi je prišlo da
mu pomogne. Zatim je seo na zemlju; veoma
star, veoma slab, nemoćan da govori, samo je po-
digao drhtavu ruku prema onome što je bilo ta-
mo. Odustao je, prepustio im je sve; više nije bio
ni za šta.

Okupili su se da pogledaju (i ja sam učinio
isto), a sada su zaboravili čemu su pripadali pri-
roda ovog iznenađenja i uzrok bola, pa ih je na
nekoliko minuta ponelo zaprepašćenje zbog samog
iznenađenja. Dahtali su i bučno goreli od uzbu-
đenja. Čak sam primetio onog mališana koji je
držao magarce kako poskakuje, skoro uplakan od
besa što su mu leđa odraslih zaklanjala pogled.

Nosio sam se sa nadležnim čitavu nedelju da-
na zbog tela. Imao sam utisak da su bili šokirani,
na lakonski način, sopstvenom greškom, ali da
su u pometnji oko svog anonimnog mrtvaca bili
nemoćni da je isprave. Rekli su, »Pokušavamo
da saznamo« i »I dalje istražujemo«. Izgledalo je
to kao da svakog časa mogu da me odvedu u
mrtvačnicu i kažu: »Eto! Podignite čaršave; po-
tražite ga — brata momka koji vam čuva živinu.
Ima toliko crnih lica — jedno će valjda odgo-
varati?«

A svake večeri kad bih se vratio kući, Pet-
rus je čekao u kuhinji. »Pa, trude se. Još uvek

15

traže. Tvoj se gazda stara o tome, Petruse«, rekao bih mu. »Blagi Bože, pola vremena koje bih trebalo da provedem u kancelariji ja se vozikam s kraja na kraj grada jureći ovim poslom«, dobacio sam Lerisi jedne večeri.

Ona i Petrus su upirali svoje oči u mene dok sam govorio i, začudo, u tim trenucima bili su sasvim slični, mada to zvuči neverovatno: moja žena, sa svojim visokim, belim čelom i svojim mršavim telom Engleskinje, i pilićar, sa svojim rožastim, bosim stopalima ispod kaki pantalona vezanih oko kolena kanapom i čudnim vonjem znoja, od nervoze, koji mu je izbijao kroz kožu.

»Otkud to da si sada tako uzbuđen, tako odlučan u vezi sa ovim?«, reče Lerisa najednom.

Obrecnuo sam se na nju. »To je stvar principa. Zašto da prođu nekažnjeni zbog ove podvale? Krajnje je vreme da neko kome to neće biti teško, prodrma te službenike.«

Rekla je: »Ooo« I dok je Petrus lagano otvarao kuhinjska vrata da bi otišao, osećajući da se razgovor ne odnosi na njega, otišla je i ona.

I dalje sam svake večeri pružao Petrusu uveravanja, ali iako je ono što sam govorio bilo isto i glas kojim sam govorio bio isti, iz večeri u večer to je zvučalo sve manje uverljivo. I napokon, postalo je jasno da nam nikada neće vratiti Petrusovog brata, jer zaista niko nije znao gde se on nalazi. Negde, na nekom groblju koje je jednolično kao i neki urbanistički plan, negde, pod nekim brojem koji mu nije pripadao ili u medicinskoj školi, možda brižljivo sveden na slojeve mišića i nervna vlakna? Bog sveti zna. Na ovom svetu on ionako nije imao svoj identitet.

Tek tada, i to postiđenim glasom, Petrus me je zamolio da pokušam da dobijem novac natrag.

»Po načinu na koji to pita, čovek bi pomislio da hoće da orobi svog mrtvog brata«, rekao sam Lerisi kasnije. Ali, kao što rekoh, Lerisa je pos

16

tala tako napeta u vezi sa svim ovim da čak nije mogla da prihvati ni mali ironični osmeh.

Pokušao sam da dobijem novac. Pokušavala je i Lerisa. Oboje smo telefonirali i pisali i raspravljali, ali ništa od svega toga. Ispalo je da je tu najveći trošak bio grobar, a on je, nema šta, obavio svoj posao. I tako je čitava ta stvar predstavljala veliki gubitak, čak veći gubitak za te jadnike nego što sam pretpostavljao da će biti.

Starac iz Rodezije je bio istog rasta kao i Lerisin otac, pa mu je ona dala jedno od starih odela svoga oca i on se vratio kući znatno bolje pripremljen za zimu nego što je bio kad je stigao.

DOBRA KLIMA,
PRIJATELJSKI RASPOLOŽENI
STANOVNICI

U kancelariji, u garaži, osam časova dnevno nosim platneni kombinezon slezove boje — one privlačne uniforme što prave za devojke koje, u stvari, i nisu bolničarke. Četrdeset devet mi je godina, a moglo bi mi biti i dvadeset pet da mi nije mog lica i nogu. Imam onu sasvim svetlu kožu, a noge su mi šarene, kao sir rokfor. Kosa mi je nekada lepo izgledala kao paperje u pileta, ali otada sam je toliko puta izbeljivala i stavljala trajnu. Ovo nikome drugome ne bih priznala, ali sebi priznajem sve. Možda ću da nabavim jednu onakvu periku kakve svi nose. Više nije potrebno da imate slabu kosu pa da nosite periku.

Već godinama radim u garaži — servisnoj stanici, kako je nazivaju otkad je renovirana, sva u metalu i staklu. To je spreda, tamo gde se nalaze benzinske pumpe; ipak ne može da se uđe u radionicu a da se ne izmasti odeća. Ali ja nemam mnogo potrebe da idem tamo. Kad ne vodim knjige, možete da me vidite kako se motam tamo u prednjem delu da udahnem vazduha, popušim cigaretu i malo pripazim na momke. Ne mehaničare — naravno to su sve belci (oni su inače gomila kicoša, bar većina njih) — već pomoćnike na pumpi. Jedan od momaka je proveo u firmi dvadeset tri godine — ponekad čovek da pomisli da je vlasnik; nervira me. Sve u svemu, nisu loša grupa domorodaca, mada ponekad naiđete i na nekog bezobraznika ili lopova, ali takav ne opstaje dugo, ne kod nas.

Mi smo odmah pored prigradskog trgovačkog centra Grinslivz koji ima restoran-terasu i vodoskok i tuda prolazi vrlo fin svet. Prilično sam se sprijateljila sa nekim ljudima iz lukzuznih apartmana iz kraja; ne bi oni prošli, a da mi ne kažu koju reč kad vode svoje kučiće u šetnju ili idu u radnje. A onda, naravno, čovek upozna mnoge redovne mušterije za benzin. Imamo dva Rolsa i bezbroj sportskih kola koja nikada ne idu na druga mesta. A kad hoću da se friziram, samo odem niz blok do Mezon Klod ili do gospodina Levina u Grinslivz apoteci, ako osetim da mi počinje prehlada.

Imam stan u jednoj od starih zgrada koje su još preostale, tamo u gradu. Nije baš nešto, ali za deset funti mesečno i to baš kud prolazi autobus... Jednom sam se udavala i imam slatko detence — udala se još u sedamnaestoj i živi u Rodeziji; nisam mogla da je odgovorim. Mnogo je srećna s njim i imaju blizance, delije male. Videla sam ih jednom.

Imam jednu prijateljicu s kojom idem svakog petka na ranije bioskopske predstave i Versfeldove koji me svake nedelje pozivaju na ručak. Mislim da zavise od mene, jadni stari; nikada nikoga ne viđaju. U tome i jeste nevolja kad čovek radi sam u kancelariji, kao ja, ne može ni sa kim da se sprijatelji. Nema s kime da popriča sem sa onim kicošima u radionici, a šta ja da imam zajedničko sa svim tim zvrndovima u crnim kožnim jaknama. Nemaju ni poštovanja, treba samo da čujete šta sve trabunjaju. Pre bih razgovarala sa crncima, stvarno, mada je čudno da to kažem. Oni vam bar kažu gospođice. Čak i stari Madala zna da ne može da uđe u moju kancelariju, a da ne skine kapu, mada Bog vam bio upomoć ako od tog momka zatražite da trkne do Grka po paklo cigareta ili da ode do Švajcarske poslastičarnice. Zbog toga sam jednom nadala takvu dreku na njega, matori majmun, ali gazda kao da nije hteo da ga otera, ovde je već dugo. Sad mi se sklanja s puta i dobije on pola krune od mene za Božić, kao i ostali momci. Mnogo je razumniji i onaj Džek nego neki belci, verujte, a može i da vas nasmeje, na svoj način — oni su, naravno, ko deca, deru se i smeju zbog nečeg na sopstvenom jeziku, gomila drekavaca; nama to valjda ne bi bilo smešno čak i kada bismo razumeli o čemu se radi. Tog Džeka su mnogo zivkali telefonom (potajno sam se žalila upravniku i sad je on to prekinuo), a domoroci s druge strane žice su tražili da govore sa Mpancom, Makiuamom i šta ja znam sve s kime, a kad bih ja rekla da ovde ne radi niko ko ima takvo ime, tek onda bi rekli istinu i tražili Džeka. Zato sam mu rekla jednog dana, a što vi imate sto jedno ime, što ti svi ujaci i ujne i braća od ujaka ne kažu odmah pravo ime, a ne da ja traćim vreme? On je rekao: »Ja sam ovde Džek, jer Mpanca Makiuane nije ime, a tamo sam Mpanca Makiuane, jer Džek nije ime, a ja sam jedini koji zna ko sam pa ma gde bio.« Nisam mogla a da se ne nasmejem. On retko kad kaže gospođice, primetila sam, ali to nekako ne zvuči bezobrazno, to kako on govori. Pre nego što im je bilo dozvoljeno da sami kupuju piće, on bi me pitao da kupi flašu rakije za sebe jednom nedeljno i ja u tome nisam videla ništa loše.

Čak iako sve nije sjajno, nema svrhe da se gunđa. Ne verujem da ću ostariti pre nego što mi dođe vreme. S vremena na vreme se dešavalo da se dopadnem nekom čoveku u garaži. Kad god dođe da napuni rezervoar on nađe neki izgovor da porazgovara sa mnom; ako se dopadnem nekom momku, počnem to da osećam kao što sam osećala kad mi je bilo sedamnaest godina, pa čak ako bi on i samo sedeo u kolima i gledao me kroz prozor na kancelariji, znala bih da on čeka da izađem. Onda bi me on pozvao na piće u hotel posle posla. Obično se na tome i završavalo. Ne znam ja šta se dešava sa tim tipovima, oženjeni su, valjda, mada njihove žene ne nose idealni broj četrnaest, kao ja. Njima prija da razgovaraju sa nekom drugom ženom s vremena na vreme, ali se brzo unervoze. To su neki poslovni ljudi, dobro stojeći; jedan mi poslao poklon, ali je to bila jedna od onih staromodnih pudrijera, zvali smo ih pljosnate pudrijere, za puder u prahu, a ja koristim onaj čvrsti što sad svi koriste.

Naravno, naiđete i na neke čudne tipove i, štono ja kažem, ja sam skoro stalno sama tamo u prednjem delu, samo sa onim momcima, upravnik je u direkciji u gradu, a ostali belci su svi tamo pozadi. Pre nekog vremena uđe jedan u moju kancelariju i hoće da plati benzin rodezijskim parama. U stvari, Džek, predradnik, prvo je došao da mi kaže da mu je taj čovek dao rodezijske pare. Vratila sam ga da kaže da ne primamo. Pogledala sam kroz staklo i videla jedna velika, skupa američka kola, ne baš nova i jednog od onih ljudi koje odmah prepoznajete kao onu vrstu koja se mnogo kreće — potiskivao je obraz jezikom, razgledajući pumpnu stanicu i gužvu na ulici kao da je, u glavi, pokušavao da razradi plan kretanja u novom gradu. Neki ljudi nadignu paklenu dreku na domoroca ako im nešto odbije, ali ovaj kao da nije nameravao, zatim je rekao momku da ga dovede do mene. »Gazda kaže da mora sa vama da razgovara«, reče Džek i okrete se na peti. Ali ja sam rekla, čekaj ovde. Poznajem ja Johanesburg; moja priručna kasa je bila u otvorenom sefu. Čovek je bio mlad. Koža mu je bila potamnela od svakodnevnog sunčanja, ona boja kakvu viđate kod spasilaca na plaži. Kosa mu je bila, onako, u gustim plavim pramenovima, šta će takva muškarcu. Kaže on: »Gospođice, da li biste mi pomogli na pola sata?« Sad, imala sam frizuru, tačno je to, ali ja se ne zavaravam da bi o meni mogli da pomislite da sam gospođica, sem da mi vidite figuru. otpozadi. Nastavio je: »Tek što sam stigao kolima i nisam imao kad da promenim pare. Primite ovo dok ne nađem jednog čoveka koga poznajem da mi unovči ček.«

Rekla sam mu da ima banaka malo dalje niz ulicu, ali je on našao neki izgovor. »Inače moram da kažem svom prijatelju da sam stigao u grad. Evo, ostaviću ovo — zlatan je.« Sa ruke je skinuo veliki lep sat. »Hajde, učinite mi uslugu, molim vas.« Kada se nasmešio nekako nije izgledao tako mlad, već grublje. Osmeh je bio ukraj usta. I tako, najednom rekoh onda, u redu, a dečak domorodac se okrenuo i izišao iz kancelarije, ali sam znala da nema problema sa mojom kasom, a ovaj čovek me je zamolio da mu pokažem kako najbrže da stigne do Kensingtona, pa sam izašla iza stola i sa njim potražila na zidnoj mapi. Mislila sam da je čovek od svojih dvadeset devet ili trideset godina; bio je tako vitak sa kaišem od zmijske kože oko kukova i čistom belom košuljom sa otvorenom kragnom.

Vratio se tačno u sekundu. Uzela sam pare za benzin i rekla, evo vašeg sata i gurnula ga preko tezge. Videla sam, onog trenutka kada je otišao i kad sam uzela sat da ga stavim u sef, da nije bio zlatan: onakav japanski falsifikat kakve ljudi vade iz džepova i pokušavaju da vam ih prodaju po ćoškovima. Ali, ništa nisam rekla, jer su možda i njega prevarili! Nisam htela da oseti neko nepoverenje s moje strane. Kakva korist od toga. Uostalom, platio je za svoj benzin. Zahvalio mi je i rekao da treba da krene i nađe neki hotel. Ja sam rekla ono uobičajeno, da li je tu u nekoj poseti i tako dalje, a on je rekao, da, nije znao na koliko dugo, možda par nedelja, sve je zavisilo, i da bi voleo da bude negde u centru. Baš smo se slatko ispričali — znate kako to ide, čovek se uvek lepo oseća ako je nekome učinio uslugu pa je sve ispalo kako valja — pa sam pomenula i neke hotele. Mada je teško ako ne znate kakav smeštaj neko želi, možete da ga pošaljete negde gde je preskupo ili, s druge strane, možete da mu preporučite neki od onih malih hotela za koje bi taj smatrao da je ćumez, kao što je »Novi park«, blizu mene.

Nekoliko dana kasnije otišla sam malo do radnji za vreme pauze za ručak i kada sam prolazila onuda gde neki od naših momaka čuče nad svojim ručkom na suncu, Džek reče: »Opet dolazio onaj čovek«. Misli da mogu da mu čitam misli; koji čovek, kažem, ali nikada da nauče. »Neki dan, s novcem što ne vredi,« A, misliš onaj Rodežanin, rekoh. Džek nije odgovorio, već je nastavio da kida komade hleba od polovine vekne i trpa u usta. Jedan drugi od momaka počeo je da priča, na njihovom jeziku ubacujući po koju na engleskom, što je, mogla sam da pogodim, bila priča o tome kako je taj čovek pokušao da plati novcem koji ne važi; veliki štos, razumete; ali Džek nije obraćao pažnju, valjda je čuo tu priču sto puta.

Otišla sam u kancelariju po cigaretu i baš dok sam uživala pušeći napolju na suncu dođe Džek do česme pored mene. Čula sam kako pije iz šake, a onda je rekao: »Otišao je i pogledao kroz kancelarijski prozor«. »Zar nije kupio benzin«, rekla sam. »Zaustavio se kod pumpe, ali ipak nije kupio, rekao je da će se vratiti kasnije.« Dobro, to je u redu, šta se tu uzbuđuješ, prodajemo ljudima onoliko benzina koliko oni hoće, rekla sam. Bilo mi je neprijatno. Ne znam zašto; čovek bi pomislio da sipam benzin o trošku garaže ili tako nešto.

»Ne može čovek da dođe iz Rodezije sa tim gumama«, reče Džek. Ne može? rekla sam. »Zar niste pogledali u te gume?« A što *ja* da gledam u gume? »Ne — ne, pogledajte te gume na tim starim kolima. Ne može da se vozi šest stotina milja sa takvim gumama. Izlizane! Skroz ćelave!« Šta me briga odakle je došao, rekla sam, to su njegove stvari. »Ali je imao one pare«, rekao mi je Džek. Slegnuo je ramenima i ja sam slegnula ramenima; vratila sam se u svoju kancelariju. Ko što rekoh, ponekad čovek razgovara s tim momkom kao da je belac.

Baš pred pet istog tog popodneva vrati se taj čovek. Ne znam kako je to bilo, tek pogledala sam kao da sam znala da će ta kola da budu tamo. Uzimao je benzin i, ovoga puta, plaćao; stari Madala ga je opsluživao. Ne znam šta mi bi, možda radoznalost, tek ustala sam i prišla vratima i rekla, kako je u Džo'burgu? »Eh, loše, nisam imao sreće«, kaže on. »Hotel u kome sam bio ima drugu rezervaciju od danas za moju sobu. Trebao sam da idem do jednog mog prijatelja u Berei, ali sad mu j stigao šurak. Ne marim da platim za dobar hotel, ali pogledajte kako neki izgledaju... Da ne znate vi negde?« Pa, znam, rekla sam, pričala sam vam još onog dana. A pomenula sam mu »Viktoriju«, ali je rekao da je tamo probao, pa sam mu onda rekla za »Novi park«, blizu mene. Slušao je, ali je sve nešto gledao unaokolo, misli su mu bile negde drugde. Rekao je: »Kazaće mi da su puni, biće opet ista priča«. Rekla sam mu da je gospođa Daglas, koja drži taj hotel, prijatna žena — ona će ga sigurno smestiti. »Ne biste li mogli da je zamolite?«, rekao je. Rekla sam dobro, u redu, ona je odmah iza ugla od moje kuće, navratiću na povratku kući s posla i kazaću joj da će joj se on obratiti.

Kada je to čuo, rekao je da će me povesti kolima, pa sam ga lično odvela do gospođe Daglas i ona mu je dala sobu. I dok smo zajedno izlazili iz hotela izgledalo je kao da se opet zaokupio svojim ličnim poslovima, ali kad smo bili na trotoaru on najedanput predloži da nešto popijemo. Mislila sam da je nameravao da odemo u salon u hotelu, ali je on rekao: »Imam bocu džina u kolima«, i doneo je bocu u moj stan. Pričao mi je o vremenu koje je proveo u Kongu pre nekoliko godina, boreći se za tamošnjeg vođu, kako se zove — Čombe — protiv Iraca koje su tamo poslali da svrgnu, kako se zvaše, starog. Šta je sve pričao o Elizabetvilu! Bio je toliko plaćen da je mogao da živi kao kralj. Popili smo po dva džina iz boce, ali kad sam htela da je on ponese sa sobom, rekao je:»Doći ću po nju jednom kad mi se pruži prilika«. Nije ništa rekao, ali mi se činilo da je došao u Džo'burg da nađe posao.

Taman sam bila pržila parče džigerice sledeće večeri, kad eto ti njega na vratima. Boca je još uvek stajala tamo gde smo je bili ostavili. Neprijatno je čoveku kad mu cela kuća miriše na prženje i svako može da zna da ćete uskoro da jedete. Dala sam mu bocu, ali je nije uzeo; rekao je da baš ide u Veriniging da nekoga poseti, samo će da popije jednu na brzinu. Morala sam da ga ponudim da pojede nešto, sa mnom. Bio je jedan od onih ljudi koji jedu, a i ne znaju šta jedu. Nekako ni stan nije registrovao, hoću da kažem da nije razgledao moje stvari onako kako je to prirodno u nečijoj tuđoj kući. A bila je i divna slika mog deteta na ugrađenoj armaturi oko električnog kamina. Rekla sam mu dok smo jeli, ovamo ste došli zbog posla? Nasmešio se kako se mladi osmehuju nekoj starijoj osobi koja ionako neće da shvati.»Poslom.« Ali je moglo da se vidi da je on čovek koji nema kancelariju, ne nosi kravatu i ne sedi za stolom. Bio je kao jedan od onih kakve viđate na filmu, znate, stranac u gradu, koji izgleda kao da nigde ne živi. Neko na filmu, vitak i ispečen kao cigla i koji ne priča mnogo. Hoću da kažem, pričao je on, ali to stvarno nikada nije bilo ništa o njemu, samo o stvarima koje je video da se dešavaju. A nikada me nije ništa upitao o meni. Bilo je baš čudno, to tako, pošto sam ga srela nekoliko puta, bilo je kao da smo bili neki ljudi koji se tako dobro poznaju da više i ne pričaju o sebi.

Još jedna čudna stvar je bila što sam ja, za sve to vreme dok je on dolazio i odlazio iz mog stana, o njemu razgovarala sa onim momkom, Džekom. Mislim da nije dobro o belcima pričati sa domorocima, po pravilu, hoću da kažem, bez obzira šta ja mislim o nekom belcu, to izaziva nepoštovanje ako o tome razgovarate sa nekim crncem. Na primer, ja nikada pred momcima nisam rekla nešto o ponašanju one gomile čupavaca u radionici. Onda naravno da nema ni šanse da bih ja diskutovala svoj privatni život sa nekim domorocem. Džek nije znao da taj čovek dolazi meni u kuću, ali me je čuo kad sam rekla da ću srediti to sa hotelom »Novi par«, a i video je kako me je taj čovek vozio kući to popodne. Dečakova primedba u vezi sa gumama kao da mi nije silazila s uma; rekla sam mu: onaj čovek je došao čak iz Konga.

»Kolima?«, reče Džek; on ima tako ozbiljno lice, za domoroca. Kola dobro idu, rekla sam, sad se svuda vozi njima.

»A što ih ne doveze na protektiranje?«

Rekla sam da je on samo na odmoru, da on to ne bi radio ovde.

Taj se čovek nije pojavio pet-šest dana, pa sam pomislila da je otišao dalje ili stekao nove prijatelje, što ljudi i rade u ovom gradu. Još je bilo s dva prsta ostalo u boci. Ja ne pijem kad sam sama. Opet sam mislila da sama pogledam u gume, ali sam zaboravila. Odvezao me je kući kao da je to bilo nešto unapred dogovoreno; znate ono, odrastao sin dolazi po majku ne zato što to želi, već zato što mora. Jedva da smo progovorili koju u kolima. Izašla sam da kupim pitu, što nije bog zna kakva večera da se kome ponudi, ali, kao što rekoh, on i ne obraća pažnju na ono što jede, a nije hteo ni džin, popio je neku konzervu piva

26

u kolima. Zabacio je stolicu unatrag, svom težinom, na dve noge i rekao: »Čini mi se da moram da se čistim iz ove odvratne rupe, ne znam šta te to tera da se mirišš sa ovim ajkulama ovde?« Rekla sam, vi deca prelako odustajete, zar još uvek nisi nabacio neki posao? »Posao«, reče on. »Novac mi duguju, pokušavam da iz njih izvučem svoj *novac*.« O čemu se zapravo radi, rekla sam, kakav novac? Uopšte nije obraćao pažnju, kao da ja to ne bih mogla da shvatim. »Pametnjakovići i prevaranti. Ovde sam već proveo skoro tri proklete nedelje.« Rekla sam da ko god ovde dođe smatra da je Džo'burg nepristupačan u poređenju sa onim kako je kod njih.

Glava mu je bila zabačena unatrag i on je ispravi i pogleda me. »Nisam ja takav klinac.« Nisi? rekla sam osećajući se čudno, jer on ranije nikada nije govorio o sebi. Gledao me je netremice, pomislio bi čovek da će mi na licu pročitati šta ja mislim koliko mu je godina. »Imama trideset sedam«, rekao je. »Jesi li to znala? Trideset sedam. Nisam baš mnogo mlađi.«

Četrdeset devet. Tačno, nije baš mnogo. Ali je izgledao tako mlad, sa tom kosom uvek začešljanom unazad i dugom iza ušiju kao da je tek izašao ispod tuša i tim opaljenim vratom u košulji sa otvorenom kragnom. Vitki se dobro drže, ne možeš da odrediš. Ipak, imao je veštačke zube i zato su mu usta imala neki čvrst izgled. Mislila sam da bi mogao da ima trideset sedam; nisam znala, nisam znala.

Bilo je to kao i ožiljci po njegovom telu. Imao je ožiljke po leđima i druge ožiljke po stomaku i srce je htelo da mi iskoči zbog njega kad sam ih videla, još uvek onako roza i sveži, ali je rekao da su oni po leđima od udaraca koje je dobio u domu za dečake, još kao dete, a drugi su bili od borbi u Katangi.

Znam da mi niko ne bi poverovao, pomislili bi da sebe pokušavam da opravdam, ali je ujutro sve izgledalo isto, nisam osećala da ga išta bolje poznajem. Bilo je isto kao i onog prvog dana kada je došao sa svojim rođeznijskim parama. Rekao je: »Ostavi mi ključ. Mogao bih baš i da koristim tvoj stan dok si čitav dan van kuće«. Ali kako sa hotelom, rekla sam. »Uzeo sam svoje stvari«, kaže on. Rekla sam, hoćeš da kažeš da si napustio hotel? A nešto na njegovom licu, neki izraz dosade, nateraо me je da ga upitam, jesi li rekao gospođi Daglas? »Do sada je već primetila«, rekao je, bilo je neobično da se smeši. Hoćeš da kažeš da si izašao, a da nisi platio? rekla sam. »Čuješ, rekao sam ti da ne mogu da izvučem pare od one kopiladi.«

Pa, šta sam mogla da radim? Sama sam ga odvela gospođi Daglas. Žena mu je dala sobu na moju preporuku. Morala sam da odem do »Novog parka« i da izmislim neku priču, kako je morao iznenada da ode i da mi je ostavio pare da platim. Šta sam drugo mogla da uradim. Naravno, *njemu* nisam rekla.

Ali sam rekla Džeku. Baš je to ono čudno. Rekla sam Džeku da je onaj čovek nestao, pobegao ne plativši mojoj prijateljici koja drži hotel u kome je bio odseo. Dečko je coknuo jezikom kako to oni rade i nasmejao se. A ja sam rekla da je to ono kako ti se vrati kad hoćeš da pomogneš ljudima. Da, rekao je, Johanesburg je pun takvih ljudi, ali čovek mora da nauči da ih prepozna po licu, čak i kad su to prijatna lica.

Rekla sam, misliš da je taj čovek imao prijatno lice?

»Pa vidiš da ima prijatno lice«, reče dečak.

Plašila sam se da ću zateći tog čoveka kad se vratim kući, i bio je tamo. Rekla sam mu, to mi je ćerka, i pokazala mu fotografiju, ali ga to nije zanimalo, pa čak ni kad sam mu rekla da živi u Gvelu, a možda je i sam poznavao taj grad. Rekla sam što se ne vrati svom poslu u Rodeziji, ali je rekao da je Centralna Afrika gotova, da on neće da ga muvaju crnci koji vode glavnu reč — po onome što mi je pričao, to je strašno, ne može čovek ni iz hotela da ih izbaci, ni ništa.

Kasnije je izašao da kupi cigarete i najednom sam pomislila, zaključaću vrata i više ga neću pustiti u stan. Bila sam odlučila da to uradim. Ali kad sam mu ugledala senku s druge strane mlečnog stakla, jednostavno sam ustala i otvorila, a osećala sam se kao neka budala, čega sam imala da se plašim. Bio je tako čist, stajao je tamo tako zgodan; a svako može da bude potišten. Pitam se ponekad šta će sa mnom biti — kroz koju godinu, naravno — ako ne budem mogla da radim i budem ovde sama, a nikog nema da dođe. Svake nedelje čitam u novinama o ženama koje leže mrtve po stanovima, danima ih niko ne pronađe.

Pušio je i danju i noću, kao da je svet smrdeo a on nije hteo da to udiše. Pušio je u krevetu za vreme vikenda, a ja sam nešto rekla o princezi Margareti kada je bila ovde kao dete 1947. — čitala sam neku priču o kraljevskoj porodici, u nedeljnim novinama. Rekao je da misli da ju je video, to je bilo one godine kada je otišao u internat za dečake i kako su ih odveli da gledaju povorku.

Jedna od malog broja stvari koju mi je rekao o sebi bila je da je imao osam godina kad su ga poslali u internat; ležala sam tako i izračunala da ako on ima trideset sedam, on mora da je 1947. imao dvadeset, a ne osam godina.

Tada mi je bilo teško da poverujem da je imao samo dvadeset pet. Čovek može uvek da se otarasi dečaka od dvadeset pet godina. Ne bi on imao unutrašnje snage da te zaplaši da to ne pokušaš.

Osećala bih se sigurnijom kada bi neko znao o njemu i meni, ali naravno da ne mogu da razgovaram bilo s kime. Zamisli Versfeldove. Ili onu ženu s kojom izlazim petkom, ja mislim da ona nije popila čaj ni sa jednim muškarcem otkad joj je muž umro! Kao uzgred, pitala sam Džeka, predradnika, šta je mislio koliko je godina imao onaj čovek, onaj sa rodezijskim parama koji je prevario u hotelu? Rekao je: »Je l' on još uvek ovde?« Rekla sam ne, ne, samo onako pitam. »Mlad je, taj je mlad«, reče on, ali trebalo je da se setim da polovina domorodaca ne zna koliko imaju godina, njima to ne znači toliko kao nama. Rekla sam, šta ti zoveš mlad? Odmahnuo je glavnom ka garaži. »Onakve kao što su mehaničari.« Ona dečurlija! Ali ovaj čovek nije bio tako kočoperan kao oni što se jedan s drugim hrvu po radionici, dobacuju devojkama, zamišljaju da su Bitlsi kad pevaju u prostoriji za umivanje. One ljude koje je odlazio da poseti zbog posla — nikada nisam videla. Ako je i imao prijatelja, oni nikad nisu navraćali. Kad bi bar samo *neko* znao da je on bio u mom stanu!

A onda je rekao da su mu kola na remontu, jer odlazi u Durban. Rekao je da mora da krene sledeće subote. Zbog toga sam se mnogo bolje osećala; a i bilo mi je mučno, na određeni način, jer, eto, razmišljala sam kako da nađem načina da ga nateram da ode. Stavio mi je ruku na kuk, nasmešio se i rekao: »Izvini, znaš, jednom moram da krenem«, i istina je da je u nekom smislu imao pravo, nisam mogla ni da zamislim kako će biti bez njega, mada sam se stalno plašila da će da ostane. Oh, bio je veoma prijatan prema meni u to vreme, mogu vam reći; mogao je da bude prijatan kad je hteo, bilo je to kao neki trik koji on ume da izvede, tako stvaran da ne biste poverovali kad prestane, baš tako. Rekla sam mu da je trebalo da dotera kola u našu garažu, ja bih se postarala da se pošteno uradi, ali ne, neki njegov prijatelj je to radio badava, u svojoj radionici.

Došla je subota, nije otišao. Kola nisu bila spremna. Motao se veći deo nedelje, nestao na jednu noć, ali se ponovo vratio ujutro. Dala sam mu nekoliko funti da mu se nađe. Rekla sam mu, što dangubiš s tim kolima u nečijem zadnjem dvorištu? Odvezi ih u neku pristojnu garažu. A onda — to nikada neću zaboraviti — ne može hladnije biti, malo razdražen, rekao je:»Mani to. Više nemam kola.« Rekla sam, šta hoćeš da kažeš, hoćeš da kažeš da si ih prodao? Valjda zato što sam negde u podsvesti mislila, što ih ne proda, trebaju mu pare. A on je rekao:»Tačno. Prodata su«, ali ja sam znala da laže, samo ga je mrzelo da kaže nešto drugo. Pošto je rekao da su kola prodata, rekao je da čeka na pare; jeste mi vratio tri funte, ali je opet pozajmio posle nekoliko dana. Okretao bi mi leđa kad se vratim kući i nije hteo da mi odgovara kad sam mu se obraćala, a onda kada bi mi okrenuo to zatvoreno, poluzaspalo lice, pomislila bih, to je to, sad je ono — ne mogu da objasnim kako sam se osećala dotučenom, ubijenom, samo znam da je na licu imao isti onakav izgled koga se sećam da je imao neki čovek na svom licu, davno, koji je davio neke mačiće jedno za drugim u kanti vode — baš kao da sam znala da će se dogoditi, odjednom bi počeo da mi se ruga. To je bilo jedini put kada se smejao. Smejao bi se, skoro do suza, sve dok i ja ne bih počela da se smejem. Pretvarali bismo se da je sve to bila šala, a onda bi bio prijatan prema meni, oh, bio bi prijatan prema meni.

Često sam sedela u mojoj kancelariji i razgledala oglase za kola i mape na zidu i moje slonove uši kako rastu iz konzerve za ulje i to je bilo jedino mesto koje sam osećala: ali to su gluposti, šta me je to spopalo? Stan i on u njemu, to je izgledalo nestvarno. A onda bih otišla kući u pet i to je bilo sve.

Rekla sam Džeku, koliko košta Krajsler '59? Razmišljao jr, čistio je ruke otpacima pamuka. Rekao je, »S onakvim gumama, niko ne bi mnogo platio.«

Tek da bih mu pokazala da ne sme komotno da se ponaša prema belcima, poslala sam ga do gospodina Lenvina da mi donese prašak za glavu. Zbijala sam šale, počinjem da ličim na starog Madalu, danas sam tako umorna.

Znate li šta mi je onda rekao dečko. Ponekad su osećajniji od belaca, stvarno. Rekao je: »Kad mi deca porastu, moraće da rade za mene. Zašto ne živite u Rodeziji sa svojom ćerkom? Dete mora da pazi na majku. Zašto morate da stanujete sami ovde u ovom gradu?«

Naravno da nisam htela da mu objašnjavam da ja volim svoju nezavisnost. Uvek kažem da se nadam da kad ostarim da ću da umrem pre nego što bilo kome postanem teret. Ali to popodne sam uradila nešto što je trebalo davno da uradim, rekla sam dečku, ako se ikada desi da ne dođem na posao, moraš im reći u radionici da pošalju nekog mojoj kući da me potraži. I zapisala sam adresu. Dani bi mogli da prođu pre nego što iko sazna šta mi se desilo; to nije u redu.

Kad sam se to veče vratila kući, onaj čovek nije bio tamo. Otišao. Ni reči, ni ceduljice; ništa. Kad god bih začula da lift lupa, pomislila bih eto ga. Ali nije došao. U subotu popodne kad sam bila kod kuće, nisam mogla više da izdržim pa sam otišla Versfeldovima i upitala staru gospođu da li bih mogla tamo da spavam koji dan, rekla sam da mi kreče stan i da mi je od toga muka u stomaku. Mislila sam, ako dođe u garažu, tamo ima sveta, tamo su bar ona deca. Pušila sam skoro koliko i *on* i nisam mogla da spavam. Morala sam da zamolim gospodina Lenvina da mi da nešto.

I najmanji šum i ja sam bila sva u znoju. Krajem nedelje sam morala da se vratim u stan pa sam kupila lanac za vrata i napravila teške zavese tako da ne može da se vidi kad neko tamo stoji. Nisam izlazila, pošto se vratim s posla — čak ni na popodnevne filmske predstave — tako da ne moram da se vraćam u zgradu po mraku. Znate kako je to kad je čovek nervozan, najčudnije stvari vam pružaju utehu: samo bih sebi rekla, pa, ako se ne pojavim na poslu ujutro, dečko će poslati nekoga da me potraži.

Polako sam počela to da zaboravljam. Držala sam zavesu i lanac i sedela kod kuće, ali kad se čovek na nešto navikne, bez obzira o čemu se radi, on o tome ne razmišlja stalno, ne više, mada još uvek veruje da razmišlja. Nisam bila u Mezon Klod skoro dve nedelje pa mi je kosa bila grozna. Klod mi je predložio vodenu pa je tako ispalo da sam uzela dva sata slobodno to popodne da mi to sredi. Predradnik Džek mi kaže kad sam se vratila: »Bio je ovde«.

Nisam znala šta da radim, nisam mogla a da brzo ne bacim pogled na sve strane. Kad, rekla sam. »Sad, dok niste bili tu.« Imala sam utisak da me mogu da umaknem. Znala sam da će mi prići sa tim zatvorenim, poluusnulim licem — pocrneo kao kakav zgodni spasilac, pocrneo kao one lutalice što gladuju i što su nikakvi i ukiseljeni od jeftinog pića ali što izgledaju strašno zdravo što dolazi otud što nemaju kud da se sklone od sunca. Ne znam šta je onaj dečko morao da misli o meni, mom licu. Rekao je: »Rekao sam mu da ste se odselili. Da više ne radite ovde. Otišli ste u Rodeziju svojoj ćerki. Ne znam u koji grad.« Ponovo je uvukao nos u novine koje je uvek čitao kad god je malo zatišje; mislim da zamišlja da je dosta obrazovan i voli da čita sve o tim crncima koji postaju premijeri i šta sve ne u ovo vreme po drugim zemljama. Ništa nisam na to rekla;

ako se uopšte obazrete na takve stvari kad su oni u pitanju, čovek počne da im uliva velike ideje u glavu o njima samima.

Taj čovek mi više nikada nije dosađivao. Nikome nisam o tome zucnula ni reči — štono ja kažem, u tome i jeste nevolja kad čovek radi sam u kancelariji kao ja, nema s kim da porazgovara. To vam samo govori, žena koja je sama mora uvek da bude oprezna: ne samo da nije sigurno da sami hodate po mraku zbog domorodaca, čitav je grad pun ljudi kojima ne smete verovati.

KOMADIĆ RUBINSKOG STAKLA

Kada su mašinu za umnožavanje uneli u kuću, Bamdži je rekao: »Zar ti nije dosta što na leđima nosiš probleme Indusa?« Gospođa Bamdži je, uz osmeh koji je otkrivao prazninu gde je nedostajao zub, ali je ipak bio samouveren, rekla: »Koja razlika, Jusufe? Svi imamo iste nevolje.«

»Pusti ti to. Ne moramo da nosimo dozvole; neka domoroci protestuju protiv dozvola sami za sebe, ima ih na milione. Samo neka oni to isteruju.«

Sve devetoro Bamdžine i Pahadijeve dece bilo je prisutno kada su izmenjene ove reči kao što je uvek bilo; u maloj kući koja ih je sve držala na okupu nije bilo prostora za tajne razgovore o stvarima za koje su ona bila premlada da slušaju, tako da oni nikada nisu bili premladi da bilo šta čuju. Samo njihova sestra i polusestra, Gerli, nije bila tu; bila je najstarija i udata. Deca su, puna iščekivanja, bez uzbuđenja i sa interesovanjem, gledala Bamdžija koji niti je napustio sobu, niti se ponovo usredsredio na posao oko uvijanja sopstvenih cigareta, koji je bio prekinut dolaskom aparata za umnožavanje. Gledao je tu stvar što je stigla sakrivena u korpi za veš i preneta u taksiju nekog crnca, pa su se i deca zbog toga uzbudila, crnih očiju okruženih gustim trepavicama nalik na one neme, otvorene cvetove sa maljavim pipcima koji se zatvaraju na svaki dodir.

»Baš lepa stvarčica da se ima na stolu na kome jedemo«, bilo je sve što je rekao. Mirisali su mašinu oko koje su se okupili; miris hladnog crnog maziva. Izašao je napolje, nezgrapno, na vrhovima prstiju, na svoj napaćen način.

»Lepo će se uklopiti u kuhinjski orman!« Gospođa Bamdži je bila zauzeta praveći mesta tako što je uklonila dve roze staklene vaze pune plastičnih karanfila i rukom obojen komad somota sa slikom Tadž Mahala.

Posle večere je počela da propušta listove kroz aparat. Porodica je živela u toj prostoriji — ostale tri sobe u kući bile su pune kreveta — a svi su bili tamo. Starija deca su zajedno koristila jednu bočicu mastila dok su pisala domaće zadatke, a ono dvoje malih guralo je dve prazne boce od mleka na noge od stolice i skidalo ih. Ono trogodišnje je zaspalo i jedna od devojčica ga je odnela. Na kraju su svi polegali; sam Bamdži je otišao pre starije dece — on je bio prodavac voća i povrća na ulici i ustajao je u pola pet svakoga jutra da bi stigao na pijacu do pet. »Još malo«, reče gospođa Bamdži. Starija deca su podigla pogled i nasmešila mu se. Okrenuo joj je leđa. Još uvek je nosila narodnu nošnju kakvu nose muslimanke, a njeno telo, koje je bilo mršavo i nevažno kao neka haljina okačena o klin, kad nije bilo domaćin nekom detetu, bilo je umotano u rite jeftinog sarija, a njena tanka crna kika je bila umašćena. Kada je bila devojka, u gradu Transvalu, gde su još uvek živeli, njena majka je stavila komadić rubinskog stakla na njenu nozdrvu; međutim, ona je odbacila taj ukras kao nešto zastarelo, čak i za nju, još davno.

Ostala je kasno sve do posle ponoći, izvlačeći pamflete. Radila je to kao da tuca papriku.

Bamdži nije morao da pita o čemu su ti listovi. Pročitao je novine. Čitave protekle nedelje Afrikanci su uništavali svoje propusnice, a zatim se prijavljivali za hapšenje. Njihove vođe su bile pohapšene pod optužbom da su podstrekivali, iz-

vršeni su prepadi na kancelarije za propagandu —
neko mora da pomaže nekolicini manjih vođa koji
su još ostali kako bi se održala kampanja bez
kancelarije i bez opreme. Šta bi to moglo da stoji
u lecima — »Ne idite sutra na posao«, »Dan pro-
testa«, »Spalite svoje propusnice za slobodu?« Nije
želeo da vidi.

Bio je navikao da se vrati kući i zatekne svoju
ženu kako sedi za stolom duboko zaneta razgo-
vorom sa strancem ili ljudima čija su mu imena
bila poznata po čuvenju. Neki su bili istaknuti
Indijci, kao što je to bio advokat, dr Abdul Mo-
hamed Kan ili krupni poslovni čovek, gospodin
Musami Patel, a time je bio polaskan, na neki
sumnjiv način, što ih susreće u svojoj kući. Kada
se sledećeg dana vratio s posla, sreo je doktora
kako izlazi iz njegove kuće i doktor Kan, visoko-
obrazovan čovek, rekao mu je: »Divna žena«. Ali
Bamdži nikada nije uhvatio svoju ženu u nekoj
situaciji koja bi davala povoda sumnji; ponašala
se časno, kako svaka muslimanka i treba da se
ponaša, i pošto bi obavila posao sa takvom gos-
podom, ona nikada ne bi, na primer, sela da sa
njima jede. Sada ju je zatekao kada se vratila
natrag u kuhinju gde je vršila pripreme za večeru,
razgovarajući sa decom na raznim talasnim duži-
nama. »Baš mi je žao ako ti je sočivo dosadilo,
Džimi, jer ćeš baš to da dobiješ — Amina, požuri,
pripremi lonac s vodom — ne brini, odmah ću
okrpiti, samo mi donesi žuti konac, a igla je tamo
u kuhinjskom ormanu, u kutiji za cigarete.«

»Je l' to ode doktor Kan?«, reče Bamdži.

»Da, u ponedeljak će svi ostati po svojim
kućama u znak protesta. Desai je bolestan, pa on
to mora svima lično da javi. Bob Džali je cele
prošle noći štampao pamflete, ali je otišao da
izvadi zub.« Uvek je smatrala da Bamdži zbog
usiljenosti u ponašanju izgleda kao da je nezain-
teresovan za politiku, kao što bi neka žena uporno

tumačila neraspoloženje svoga muža kao neku simpatičnu nabusitost iza koje se krije bezgranična dobrota, pa je sa njim razgovarala o ovim stvarima i istovremeno prenosila komšijska i porodična ogovaranja.

»Zašto želiš da se upetljaš u sva ta ubistva i kamenovanja i šta ti ja sve još znam? Kongres bi trebalo da se drži po strani. Zar nije dovoljno sa oblasnim grupama?«

Nasmejala se. »Čuj, Jusufe, znaš i sam da u to ne veruješ. Isto si to rekao kad su oblasne grupe osnovane u Natalu. Rekao si da treba da se zabrinemo tek kada nas poteraju iz naših rođenih kuća, ovde u Transvalu. A tvoja rođena majka je izgubila kuću u Nurdropu, i, eto, uverio si se da niko nije bezbedan. Oh, da, Gerli je dolazila popodne, kaže da se Ismailov brat verio — baš lepo, je l' da? Majka će mu biti zadovoljna. Bila je zabrinuta.«

»A zašto je bila zabrinuta?«, upitao je Džimi, kome je bilo petnaest godina i koji je bio dovoljno star da može da se pokroviteljski ponaša prema svojoj majci.

»Pa, želala je da vidi da se on skrasi. Biće zabava u onu drugu nedelju u Ismailovoj kući — dobro bi bilo da mi daš svoje odelo da ga sutra odnesem na čišćenje, Jusufe.«

Odmah se javlja jedna od devojčica. »Mama, neću imati šta da obučem.«

Gospođa Bamdži počeša svoje požutelo lice. »Možda će ti Gerli pozajmiti svoju roze, a? Trkni sada do Gerline kuće pa joj reci da sam pitala oće li ti pozajmiti.«

Zvuk običnih reči često može da ulije sigurnost i Bamdži je, odlazeći da sedne u naslonjaču sa sjajnim naslonima za ruke koja je bila uglavljena između stola i kuhinjskog ormana, utonuo u dremež u kome nema razmišljanja i koji je, poput svakodnevice nalik na san u toku poslednjih

38

nedelja, bio ispunjen neprijatnim trzajima i vraćanjima u stvarnost. Sledećeg jutra, čim je stigao na pijacu, čuo je da je doktor Kan uhapšen. Te noći gospođa Bamdži je dugo sedela i pravila novu haljinu za svoju ćerku; taj prizor je razoružao Bamdžija, ponovo ga razuverio, protiv njegove volje, tako da se ozlojeđenost koja se u njemu kupila čitavog dana pretvorila u natmurenost i prekornu ćutnju. Bog sveti je znao, naravno, ko je u toku dana ušao, a ko izašao iz kuće. Dva puta je u toku te nedelje nemira, racija i hapšenja, kada se vratio s posla zatekao crnkinje u kući; sasvim obične domorotkinje u suknenoj odeći, kako piju čaj. To je bilo nešto što druge Induskinje ne bi dozvolile u svojim kućama, mislio je on sa ogorčenjem; a onda, njegova žena nije bila nalik na druge, nekako nije imao u šta da upre prstom, sem da kaže ono što to nije bilo: nije bilo skandalozno, nije bilo kažnjivo, nije bilo buntovno. Bilo je to kao privlačnost koja ga je navela da se njome oženi, Pahdovom udovicom sa petoro dece, nešto što nije mogao jasno da vidi.

Kada je Specijalni ogranak zalupao na vrata u sitne sate u četvrtak ujutru, on se nije probudio, jer je njegov povratak budnosti bio postavljen na pola pet u njegovoj svesti, a do tada je bilo još više od jednog sata. Gospođa Bamdži je sama ustala, navukla Džimijev mantil koji je bio prebačen preko jedne stolice i otišla do ulaznih vrata. Sat na zidu — svadbeni poklon kada se udala za Pakada — pokazivao je tri sata kada je upalila svetlo i odmah je znala ko se nalazi s druge strane vrata. Mada nije bila iznenađena, ruke su joj se tresle kao u nekog starca dok je otvarala reze i komplikovan šip na zaštitnoj mreži protiv lopova. A onda je otvorila vrata, a oni su bili tamo — dva crnca policajca u civilnom odelu. »Zanip Bamdži?«

»Da.«

Dok su razgovarali, Bamdži se probudio u iznenadnom strahu da se uspavao. Onda je postao svestan muških glasova. Podigao se iz kreveta u mraku i prišao prozoru, koji je, kao i ulazna vrata, bio pokriven teškom mrežom od gustih žica protiv uljeza iz bedne ulice na koju je gledao. Sav zbunjen, pojavio se u sobi, gde su policajci pretraživali kartonsku kutiju za sapun sa papirima koja je stajala pored mašine za umnožavanje. »Jusufe, ovo se odnosi na mene«, reče gospođa Bamdži.

Najednom, u deliću sekunde, shvatio je. Stajao je tako u staroj košulji pred dvojicom policajaca, a žena je odlazila u zatvor zbog domorodaca. »Eto ti«, vikao je, sklanjajući se u stranu. »Eto šta si dobila zauzvrat. Zar ti nisam govorio? Zar nisam? Sada je tome kraj. Gotovo je. Eto do čega je to dovelo.« Slušala je glave sasvim blago nagnute u stranu, kao da hoće da se odbrani od udaraca ili u znak sažaljenja.

Džimi, Pahadov sin, pojavio se na vratima sa kuferom; dve-tri devojčice su stajale iza njega. »Evo, mama, uzmi moj zeleni džemper.« »Našao sam ti čistu bluzu.« Bamdži im se stalno sklanjao s puta dok su pomagali majci da se spremi. Ličilo je to na pripremu za neko od porodičnih slavlja zbog kojih je njegova žena pravila veliku paniku; gdegod da je otac, naletali su na njega. Čak su i dvojica policajaca mrmljala: »Pardon,« gurajući se da bi prošli u ostali deo kuće zbog pretresa. Sa sobom su uzeli i jednu knjigu koju je Nehru napisao u zatvoru; kupili su je od nekog upornog trgovačkog putnika i čuvali, godinama, na ploči iznad kamina. »Oh, nemojte to da uzimate, molim vas«, reče gospođa Bamdži iznenada, čvrsto držeći ruku čoveka koji ju je uzeo.

Čovek je ukloni van njenog domašaja.

»Šta je to važno, mama?«

Tačno je bilo da je niko u kući nije pročitao, ali ona reče: »To je za moju decu«.

»Mani to, mama.« Džimi, koji je bio zdepast i debeljuškast, ličio je na nekog trgovca koji odgovara svoju mušteriju da ne kupi rolnu svile koja joj je zapala za oko. Otišla je u sobu i obukla se. Kada je izašla u svom starom žutom sariju ispod braon kaputa, lica dece koja su stajala iza nje bila su kao lica dece na peronu železničke stanice. Poljubila su je za srećan put. Policajci je nisu požurivali, ali ona kao da je ipak bila u žurbi.

»A šta ja da radim?«, sve ih je optuživao Bamdži.

Policajci su strpljivo odvratili poglede.

»Sve će biti u redu. Gerli će pomoći. Velika deca će se snaći. I, Jusufe...« Deca su se okupila oko nje; ono dvoje mlađih se probudilo i pojavilo, postavljajući pitanja piskavim glasom.

»Idemo«, rekoše policajci.

»Hoću da porazgovaram sa svojim mužem.« Otrgla im se i vratila k njemu i jedan pokret sarijem sakri ih na trenutak od ostalog dela sobe. Njegovo lice se steže kako bi se suprotstavilo molbi koju je s podozrenjem očekivao, da prenese neku poruku nekoj sledećoj budali koja bi preuzela njen posao oko letaka sve dok i nju, isto tako, ne uhapse. »U nedelju«, reče ona. »Odvedi ih u nedelju.« Nije znao o čemu priča. »Veridba«, prošaputa ona, tihim i upornim glasom. »Ne smeju to da propuste. Ismail bi se uvredio.«

Slušali su kako kola odlaze. Džimi je stavio rezu i prečku na vrata, a onda ih je odjednom nanovo otvorio; obukao je kišni mantil koji je skinula njegova majka. »Idem da kažem Gerli«, reče on. Deca su se vratila u krevet. Otac nikome nije rekao ni reč; u sobi su se čuli njihov razgovor, plač onih mlađih i glasovi onih starijih koji su komentarisali. Našao se sam; osetio je noć svud

41

oko sebe. A onda mu se pogled slučajno susrete sa cifarnikom na satu kada je sa strašnim osećanjem onog nepoznatog shvatio. da to nije bila tajna noć već čas koji je on trebao da prepozna: vreme kada je uvek ustajao. Navukao je pantalone i prljav beli piljarski kaput i omotao sivi šal sve do oštrih dlaka na bradi i otišao na posao.

Mašina za umnožavanje je nestala sa kuhinjskog ormana. Policajci su je odneli sa sobom, zajedno sa pamfletima i izveštajima sa sastanaka i gomilom starih novina koja se nakupila na vrhu ormana u spavaćoj sobi — ne oni debeli dnevni listovi za belce, već one tanke novine koje izgledaju kao da neredovno izlaze i otvoreno govore, koje povremeno ne izlaze zbog zabrana ili nedostatka novca, koje su za ostale. Sve je to nestalo. Kada se njome oženio i uselio sa njom i petoro njene dece, u ono što je nekada bila Pahadova a postala Bamdžijeva kuća, on nje prepoznao skromne, bezopasne i očito beskorisne rutinske zadatke — kako se na trpezarijskom stolu noću pišu zapisnici sa sastanaka, kako se čitaju vladine plave knjige dok je poslednja beba dojena, korišćenje prstiju starije dece za pravljenje rozeta Kongresa od guverirane hartije — kao aktivnost koja je imala za cilj da pokrene planine. Tokom mnogih godina to nije primećivao, a sada je sve to nestalo.

Kuća je bila tiha. Deca su se držala svojih kutaka, okupljena po krevetima iza zatvorenih vrata. Sedeo je i gledao kuhinjski orman gde su plastični karanfili i podmetač sa slikom Tadž Mahala stajali na mestu. Prvih nekoliko nedelja o njoj nije prozborio ni reči. Vladalo je osećanje, u kući, da je on plakao i besneo zbog nje, da se gomila prebacivanja sručila na njeno odsustvo, pa ipak nije rekao ni reči. Nije išao da se raspita gde se nalazi; Džimi i Gerli su otišli Mohamedu

Ebrahimu, advokatu, a kada je on saznao da je njihova majka odvedena — bar pošto je bila uhapšena — u zatvor u susednom gradu, satima su stajali oko velikih zatvorskih vrata dok su čekali da im kažu kuda su je odatle odveli. Bar su saznali da se nalazila pedeset milja dalje, u Pretoriji. Džimi je tražio od Bamdžija pet šilinga kako bi pomogao Gerli da plati voznu kartu do Pretorije, pošto ju je policija saslušala i dala dozvolu da poseti svoju majku; stavio je tri novčića od po dva šilinga na sto da bi ih Džimi uzeo, a dečak, posmatrajući ga upitno, nije znao da li je onaj ekstra šiling išta značio ili je to bilo samo zato što Bamdži nije imao sitninu.

Tek pošto bi rođaci i komšije došli u kuću, Bamdži bi najednom počeo da govori. Nikada u svom životu nije bio tako otvoren kao što je bio u društvu ovih posetilaca, mnogi od njih su dolazili iz pažnje kao da dolaze da izjave saučešće. »Eh, da, da, vidite kako mi je — vidite šta su mi uradili. Devetoro dece, a ja sam uz kolica čitav dan. Dođem kući u sedam ili osam. Šta čovek da radi? Šta ljudi kao što smo mi mogu da učine?«

»Jadna gospođa Bamdži. Tako ljubazna gospođa.«

»Pa, vidite i sami. Uđu tako u kuću usred noći i ostave punu kuću dece. Ja sam uz kolica po čitav dan, moram da zaradim za život.« Stojeći tako u košulji, postajao je živahan; dozivao je devojčice da donesu voćne napitke za posetioce. Pošto bi gosti otišli, izgledalo je kao da se on, koji je bio pravoslavac možda čak i pobožan i nikada nije pio alkohol, opio i naglo otreznio; izgledao je ošamućen i nije mogao da se seti šta je govorio. A kada bi se pribrao, neka guka prezira i grešnosti ponovo bi mu zasela u guši.

Jedne večeri Bamdži je zatekao jednog od mališana u centru zaštitnički raspoložene grupe braće i sestara. »Bili su svirepi prema Almedu.«

43

»Šta je uradio?« reče otac.

»Ništa! Ništa!« Devojčica je stajala i sva uzbuđena uvrtala maramicu.

Jedna starija, mršava kao i njena majka, uze stvar u svoje ruke, umirujući druge pokretom svoje mršave šake. To su danas uradili u školi. Uzeli su ga kao primer.

»Kao kakav primer?«, reče Bamdži nestrpljivo.

»Učitelj ga je naterao da izađe i stoji pred celim razredom, pa im je rekao 'Vidite li ovog dečaka? Njegova majka je u zatvoru zato što mnogo voli domoroce. Ona bi htela da i Indusi budu kao domoroci'«.

»To je strašno«, reče on. Ruke su mu se opustile pored tela. »Da li je ikada o tome razmišljala?«

»Zato je mama *tamo*«, reče Džimi, stavljajući u stranu strip i istresajući školske knjige na sto. »Samo je još to trebalo da deca saznaju. Mama je tamo zato što se takve stvari dešavaju. Učitelj Petersen je crnac i baš ta njegova crna krv mu je i donosila nevolje čitavog života. Mrzi svakoga ko kaže da su svi ljudi isti, jer mu to oduzima i ono malo beline koja je sve što ima. A šta i očekujete? Nema tu mnogo razloga da oko toga dižete galamu.«

»Naravno, imaš petnaest godina i sve znaš«, promrmlja mu Bamdži.

»Ne kažem ja to. Uostalom, znam mamu.« Dečko se nasmejao.

Izbio je štrajk glađu među političkim zatvorenicima, a Bamdži nikako nije mogao sebe da natera da pita Gerli da li i njena majka gladuje. Ne bi pitao nizašta na svetu; pa ipak je na licu mlade žene spazio postepeno slabljenje njene majke. Kada je štrajk bio u toku već skoro nedelju dana, jedno od starije dece zaplaka za stolom i više nije moglo da jede. Bamdži besno odgurnu svoj tanjir.

Ponekad je govorio naglas sam sa sobom dok je vozio kamion sa povrćem. »Čemu to?« I opet i opet: »Čemu to?« Nije ona bila neka savremena žena koja seče svoju kosu i nosi kratke suknje. On se oženio dobrom i prostodušnom muslimankom koja je sama drobila ljute paprike. Najednom mu se ona ukaza za mašinom za umnožavanje, one noći baš pre nego što su je odveli i oseti kako je izluđen, zbunjen i beznadežan. Postao je duh žrtve koja lebdi nad mestom zločina čiji povod nije baš mogao da pojmi, a ranije nije imao vremena da shvati.

Štrajk glađu u zatvoru je ušao u drugu nedelju. Sam u kabini kamiona koja je klepetala, izgovarao je stvari koje je čuo kao da neko drugi govori, a s bolom u srcu se slagao sa svim time. »Za rulju domorodaca koja će nam porazbijati radnje i poubijati nas kad dođe njihovih pet minuta.« »Umreće tamo od gladovanja.« »Umreće tamo.« »Đavoli koji će nas popaliti i poubijati.« Padao je u krevet svake večeri kao klada, a jutrom bi se s mukom dizao, kao što se tovarna stoka batinom diže na noge.

Jednog takvog jutra, Gerli se rano pojavila, dok je on proždirao hleb i čaj — naizmenični oseti suve čvrstine i vreline koja ujeda — za kuhinjskim stolom. Njeno pravo ime je bilo Fatima, naravno, ali je ona prihvatila to glupo moderno ime zajedno sa odećom radnica u fabrici među kojima je radila. Očekivala je svoje prvo dete kroz nedelju-dve dana, a njena ošišana i kovrdžava kosa i garavi lukovi iscrtani preko veđa kao da nisu pripadali njenom isturenom telu ispod čiste bluze. Imala je karmin slezove boje i smešila se svojim osmehom prkosnih devojčica belkinja, nerazumna i odvažna, ni nalik na neku devojčicu Induskinju.

»Šta je bilo«, reče on.

Ponovo se nasmešila. »Zar ne znaš? Rekla sam Bobiju da mora da me probudi jutros na vreme. Htela sam da budem sigurna da mi danas ne umakneš.«

»Nemam pojma o čemu pričaš.«

Prišla je i stavila svoju ruku oko njegovog vrata koji se opirao i poljubila sive čekinje pored njegovih usta. »Srećan ti rođendan! Zar ne znaš da ti je rođendan?«

»Ne znam«, reče on. »Nisam znao, nisam o tome razmišljao.« Prekinuo je pauzu tako što je brzo uzeo hleb, a svoju pažnju sa velikim naporom usredsređivao na jelo i piće. Usta su mu bila zauzeta, ali su mu oči, sasvim crne, bile uprte u nju. Nije ništa govorila, ali je stajala pored njega. Nije htela da govori pa najzad on reče, gutajući komad hleba koji mu je parao gušu dok je gutao: »Ne pamtim takve stvari.«

Devojka klimnu glavom i đinđuve iz »Vulvorta« joj zaigraše na ušima. »To je prvo što mi je rekla kad sam je juče videla — ne zaboravi da je sutra Bambžiju rođendan.«

Na to je slegao ramenima. »To deci puno znači. Eto kakva je ona. Bilo da je to neki stari rođak ili komšijina baba, ona uvek zna kada je kome rođendan. Od kakve je važnosti moj rođendan, dok ona tamo čami u zatvoru? Ne razumem kako može da radi to što radi kad joj je glava uvek puna ženskih gluposti u isto vreme — eto, to ja ne razumem kod nje.«

»Eh, kako ne shvataš?«, reče devojka. »To je zato što ona ne želi da iko bude izostavljen. To je zato što ona uvek misli, misli na sve — na ljude bez ognjišta, gladnu decu, dečake koji ne mogu da steknu obrazovanje — stalno misli. Takva je mama.«

»Niko nije kao ona.« Bila je to upola pritužba.

Sela je za sto, da odmori stomak. Stavio je glavu u šake. »Počeo sam da starim« — savladalo

46

ga je nešto što je bilo daleko čudnije, jedan od-
govor. Shvatio je zbog čega ju je želeo, tu ružnu
udovicu sa petoro dece; znao je na koji se to način
ona razlikuje od ostalih; to je bilo tu, kao i stvar-
nost trbuha koji je ležao između njega i njene
ćerke.

GRADSKI LJUBAVNICI

Dr Franc-Jozef Lajnsdorf je geolog, sav uto-
nuo u svoj rad; omotan njime, štono kažu — iz
godine u godinu njegovo radno iskustvo se obavija
oko njega, povijanjem ga udaljava od pejzaža,
gradova i ljudi, ma gde živeo: Peru, Novi Zeland,
Sjedinjene Države. Oduvek je bio takav, njegova
majka iz njihove rodne Austrije bi mogla to da
potvrdi. Tamo je, još kao zgodan dečkić, svojoj
majci pokazivao samo svoj profil: okrenut ka ko-
madićima stena i kamenja. Njegove malobrojne
zabave se od tada nisu mnogo promenile. Povre-
meni odlazak na skijanje, slušanje muzike, čita-
nje poezije — Rajner Marija Rilke je jednom
odseo u lovačkoj kućici njegove bake u šumama
Stirije i dečak je upoznao Rilkeove pesme još dok
je bio sasvim mlad.

Sloj po sloj, zemlja po zemlja, ma gde ga
odveo posao — a sada je skoro sedam godina kako
je u Africi. Prvo Obala Slonovače, a poslednjih
pet godina Južna Afrika. Nedostatak kvalifikovane
radne snage doveo je do toga da ovde bude anga-
žovan. Nije zainteresovan za politiku zemalja u
kojima radi. Njegova lična zainteresovanost unu-
tar opšte zainteresovanosti za posao je istraživanje
podzemnih vodenih tokova, ali rudarska kompa-
nija u kojoj je zaposlen, u svojstvu starijeg, ali ne
i izvršnog radnika, zainteresovana je samo za ot-
krivanje minerala. Zato je on dosta na terenu —
u savanama, a tu — traži nove naslage zlata, bak-
ra, platine i uranijuma. Kada je kod kuće — na
ovom određenom poslu, u ovoj određenoj zemlji,
ovom gradu — on živi u dvosobnom apartmanu

u prigradskom stambenom bloku sa uređenom baštom, a kupovinu obavlja u supermarketu koji je zgodno lociran preko puta njegove zgrade. Neoženjen je — još uvek. Eto kako bi njegove kolege, i daktilografkinje, i sekretarice u direkciji rudarske kompanije opisali njegovu situaciju. I muškarci i žene bi ga opisali kao zgodnog čoveka, na neki čudan način, sa donjom polovinom lica koja je tamna i sredovečna (usta tanka i svedena, a bez obzira na to koliko je glatko izbrijan, dlačice mu se vide kao fini izdanci usađeni u kožu oko usta i brade), a gornja polovina protivrečno mlada, sa duboko usađenim očima (neko bi rekao sivim, neko crnim), gustim trepavicama i obrvama. Zbunjen pogled: kroz koji koncentracija i zamišljenost koja zrači mogu da se učine kao plamen i čežnja. To je ono na šta žene u kancelariji misle kada kažu da nije neprivlačan. Iako taj pogled kao da obećava, on nikada nije pozvao nijednu od njih da sa njim izađe. Postoji opšta pretpostavka da možda ima devojku koju su mu namenili, njega je rezervisala neka njemu ravna, tamo kod kuće, u Evropi, odakle potiče. Mnogi od ovih dobro obrazovanih Evropljana nemaju nameru da se za stalno nastane; njima se ne dopada ni ostatak kolonijalnog života, niti idealistička zainteresovanost za crnu Afriku. Život u nerazvijenim ili polurazvijenim zemljama ima bar jednu prednost, što stanovi uključuju i održavanje. Jedino što dr fon Lajnsdorf treba sam da uradi jeste da sam kupi ono što mu treba i zgotovi večernji obed ako ne želi da ide u neki restoran. On samo treba da svrati u supermarket na putu od kola do stana na povratku s posla po podne. Prođe s kolicima gore--dole pored polica, a njegove jednostavne potrebe su mu prezentirane u obliku konzervi, paketića, mesa umotanog u plastiku, sira, voća i povrća, tubi, boca... Na kasama gde mušterije moraju da se uključe u redove postoje stalci sa sitnom robom postavljenom zbrda-zdola, za kupovinu u poslednjem trenutku. I tu, dok neka crnkinja otkucava na računskoj mašini, on uzima cigarete ili možda paketić slanog kikirikija ili kolač od badema ili oraha. Ili nožić za brijanje, ako se seti da mu ponestaju. Jedne zimske večeri je primetio da na kartonskom reklamnom poslužavniku nije bilo one vrste nožića za brijanje koje je on voleo, pa je kasirki na to skrenuo pažnju. Te mlade crnkinje su obično prilično korisne, naplaćuju i otkucavaju na kasama na način koji određuje granicu ulizičke upornosti polupismenih prema kupcima, ali je ova hitro pogledala izbor nožića za brijanje, izvinila se što ne sme da napusti svoje radno mesto i rekla da će se postarati da »sledeći put« zalihe budu popunjene. Dan-dva kasnije ga je prepoznala, sva važna, kada je došao na red pred njenu kasu — »Tražila sam ih, ali su rasprodati. Ne mogu da se nabave. Raspitala sam se.« Rekao je da to nije važno. »Kad stignu, mogu za vas da sačuvam nekoliko paketića.« Zahvalio joj je.

Čitavu narednu nedelju je proveo sa istraživačima. Vratio se u grad u petak pred mrak, išao je od kola ka stanu, ruke su mu bile zauzete tašnom za akta, kuferima i platnenim torbama, kada ga je neko zaustavio stidljivo stojeći na njegovom putu. Baš kada je hteo da ne gledajući zaobiđe na trotoaru punom sveta, ona progovori. »Stigli su nam nožići za brijanje. Ove nedelje vas nisam videla u radnji, ali sam sačuvala nekoliko kad dođete. I eto...«

Prepoznao ju je. Nikada je pre nije video kako stoji, a sada je na sebi imala kaput. Bila je prilično mala i lepo građena, za njihove pojmove. Kaput je bio mali, ali se pozadi nije videla nikakva velika zadnjica. Hladnoća je dodala njenim jagodicama toplu boju kajsije; ispod njih se nalazilo sasvim sitno lišce koje je bilo delikatno upalo, a koža je bila glatka, prigušena, kao saten boja nekog žutog drveta. Ta lepršava kosa, ravno začešljana unazad u čvorić uguran u jednu od onih jeftinih vunenih punđi koja je (i nju je prepoznao) visila zajedno sa raznom sitnom robom uz nožiće za brijanje, u samousluzi. Rekao je hvala, bio je u žurbi, tek što se vratio s puta — premeštajući stvari koje je nosio, da bi to i pokazao. »Šteta.« Mislila je pri tome na gomilu koju je nosio. »Ali ako hoćete, mogu brzo da skoknem i da vam ih donesem. Ako hoćete.«

Odmah je sasvim jasno video da je jedino što je devojka mislila bilo da će se vratiti u supermarket, kupiti nožiće za brijane i doneti mu paketić tamo gde je stajao, na trotoaru. Izgledalo je da ga je upravo ta izvesnost naterala da kaže, ljubaznim tonom pretpostavke koja se koristi kada se želi podvući zahvalnost: »Ja stanujem tamo preko puta — Atlantis — ona zgrada sa apartmanima. Biste li ih ostavili usput, kod mene — broj sedam stotina osamnaest, sedmi sprat«.

Ona pre toga nije ulazila u neku od tih velikih zgrada sa apartmanima u blizini posla. Stanovala je u zapadnom delu grada, kuda se putuje autobusom i vozom, ali na ovoj strani naselja koje je za crnce, u naselju za ljude njene boje. Bio je tu bazen sa paprati, ne od plastike, pa čak i mali vodopad koji se uz pomoć električne pumpe prelivao preko kamenja, na ulazu zgrade Atlantis; nije čekala na lift koji ima oznaku ROBA, već onaj namenjen belcima i neka belkinja koja je na uzici vodila jednog od onih pasa nalik na viršlu ušla je zajedno sa njom, ali na nju nije obraćala nikakvu pažnju. Hodnici koji vode ka apartmanima bili su zastakljeni, bez promaje.

Pitao se da li da joj dâ novčić od dvadeset centi za njen trud — deset centi bi bilo dosta za crnca, ali ona reče: »Ah, nemojte — molim vas, izvolite«, stojeći ispred njegovih otvorenih vrata, nespretno odgurujući njegovu ruku sa kusurom od novca koji joj je dao za nožiće za brijanje. Smešila se, prvi put, dostojanstveno odbijajući napojnicu. Teško je bilo znati kako treba postupati s ovim ljudima, u ovoj zemlji; znati šta oni očekuju: Iako je bila sva zbunjena zato što je odbila taj novčić, stajala je tamo, sasvim skromna, pesnica nabijenih u džepove svog jeftinog kaputa zbog hladnoće napolju iz koje je došla, prilično lepih tankih nogu pažljivo postavljenih koleno do kolena, gležanj do gležnja.

»Hoćete li možda šolju kafe ili tako nešto?«

Naravno da nije mogao da je pozove u svoju sobu koja je bila i radna i dnevna i da joj ponudi piće. Otišla je za njim u kuhinju, ali kada je ugledao kako privlači jedinu stolicu da bi popila svoju šolju kafe, rekao je: »Ne — donesite je ovamo...« i poveo ju je u veliku sobu u kojoj je, među svojim knjigama i papirima, fasciklama sa naučnom korespondencijom (i kutijama od cigara u kojima su bile marke skinute sa koverata), svojim policama sa gramofonskim pločama, svojim uzorcima minerala i stena, živeo sam.

Njoj to nije bilo teško; poštedela ga je štrapaca do supermarketa i donosila mu je bakaluk dva-tri puta nedeljno. On je samo trebalo da ostavi spisak i ključ ispod otirača, a ona bi došla za vreme pauze za ručak da ih uzme i vraćala se da ostavi namirnice u apartmanu nakon posla. Nekad je bio kod kuće, a nekad nije. Kupio je kutiju čokoladnih bombona i ostavio, sa ceduljom, za nju; a to je bilo prihvatljivo, izgledalo je kao poklon.

Očima je prelazila preko svega u stanu, mada je njeno telo pokušavalo da sakrije svoje osećanje da tu ne pripada tako što je ostajalo što je mirnije

52

moguće, zadržavajući konture u stolici koja joj je bila ponuđena, kao što se kaput nekog gosta ostavlja u stranu gde ostaje tačno onako kako je i ostavljen sve dokle ga vlasnik ne uzme pri polasku. »Skupljate?«

»Pa, to su uzorci — potrebni su mi u mom poslu.«

»I moj brat je nekada sakupljao. Minijature. Sa rakijom i viskijem i ostalim, pune. Iz svih krajeva. Iz raznih zemalja.«

Kada ga je narednog puta posmatrala kako melje kafu, kad joj je ponudio, rekla je: »Uvek to radite? Kad god kuvate kafu?«

»Pa naravno. Zar vam nije dobra? Da li je pravim prejaku?«

»Ja samo nisam navikla da to radim. Mi je kupujemo gotovu — znate već, u boci je, samo dodate malo mleka ili vode.«

Nasmejao se, glasom koji kao da je podučavao: »Pa to nije kafa, to je sintetička aroma. U mojoj zemlji pijemo samo pravu kafu, svežu, od kafe u zrnu — osećate kako lepo miriše dok se melje?«

Zaustavio ju je nastojnik i pitao šta traži u zgradi. Ruku punih bakaluka pribitog uz telo koji joj je ulivao sigurnost, rekla je da radi u broju 718, na sedmom spratu. Nastojnik joj nije rekao da ne koristi lift za belce; uostalom, ona i nije bila crna; njena porodica je imala sasvim svetlu kožu.

Bila je jednom i stavka »sivo dugme za pantalone« na njegovoj listi za kupovinu. Dok je raspakivala veliku kesu iz supermarketa rekla je: »Daj mi pantalone, do viđenja, onda«, i sela na njegovu sofu koja je uvek bila zaprljana komadićima duvana za lulu, provlačeći iglu kroz četiri rupice na dugmetu čvrstim, sigurnim pokretima desne ruke, pokretima koji su davali razgovetnost što je nedostajala njenom govoru. Imala je mali prostački, seljački razmak (tako je o njemu mislio) između svoja dva prednja zuba pri osmehu koji mu se nije mnogo sviđao, ali lice u obliku elipse izvedene od tupog ugla, potištene oči zajedno sa mekim, skoro zatvorenim usnama, to nije smetalo. Rekao je, posmatrajući je kako šije: »Dobra si ti devojka«; dodirnuo ju je.

Spremala bi nanovo krevet svakog kasnog popodneva kada bi ustali i obukla se pre nego što krene kući. Posle jedne sedmice došao je dan kada se kasno popodne produžilo u veče, a oni još uvek bili u krevetu.
»Zar ne možeć noćas da ostaneš?«
»Moja mama«, reče ona.
»Telefoniraj joj. Nađi neki izgovor.« Bio je stranac. U toj zemlji je bio već pet godina, ali nije shvatao da ljudi tamo gde je ona živela obično nemaju telefone po kućama. Ustala je da se obuče. Nije hteo da to nežno telo izađe na noćnu stud i stalno ju je ometao prekidajući je svojim rukama; ništa ne govoreći. Pre nego što je obukla kaput, pošto je telo već nestalo, progovorio je. »Moraš nešto da središ.«
»Eh, moja majka!« Na licu joj se ukaza strah i neka ispraznost koju nije mogao da shvati.
Nije bio sasvim ubeđen da bi ta žena mislila o svojoj ćerki kao o nekoj čistoj i neokaljanoj devici ... »Zašto?«
Devojka reče: »Uplašiće se. Uplašiće se da nas ne uhvate.«
»Nemoj ništa da joj kažeš. Kaži da sam te zaposlio.« U ovoj zemlji u kojoj je sada radio obično su na krovu zgrada sa apartmanima postojale sobe na krovu zgrada za poslugu stanara.
Ona reče: »To sam i rekla nastojniku.«

Mlela je svežu kafu u zrnu kad god je poželeo šolju kafe dok je radio noću. Nikada nije ni pokušala da nešto skuva dok u tišini nije posmatrala kako on to radi na način koji voli, pa je naučila da tačno reprodukuje jednostavna jela koja je voleo. Dodirivala je njegove stene i kamenje, diveći se prvo njihovim bojama. »Od ovog bi bio lep prsten ili ogrlica, a?« Onda joj je pokazao paralelne linije, za formaciju svakog komada, i objasnio svaku i kako je, u dugom životu zemlje, svaka od njih nastala. Rekao joj je i koji je mineral i za šta se koristi. Radio je sa svojim papirima, pišući, pišući, svake noći, tako da nije bilo važno što nisu mogli da zajedno izlaze na javna mesta. Nedeljom bi ona ulazila u njegova kola u garaži u podrumu, pa bi se odvezli u prirodu i pravili piknike gore u Magalijesbergu, gde nije nikoga bilo. On bi čitao ili nešto čeprkao među stenama; zajedno se peli do planinskih jezeraca. Učio ju je da pliva. Ona nikada nije videla more. Skičala je i vrištala u vodi, pokazujući razmak između zuba, kao što je — palo mu je na pamet — sigurno to činila kada je među svojima. Povremeno je morao da ide na večere po kućama svojih kolega iz rudarske kompanije; ona je šila i slušala radio u stanu i on bi je zatekao u krevetu, toplu i već usnulu, kad bi se vratio kući. Našao bi nemo svoj put u njeno telo; njena dobrodošlica je bila bez reči. Jednom je obukao večernje odelo zbog večere u konzulatu svoje zemlje; posmatrajući ga kako četkom skida nekoliko dlaka koje su ispale iz naramenica tamnog sakoa koji mu je tako dobro ležao, videla je ogromnu sobu, sve lustere i ljude kako igraju igru iz nekog filma sa istorijskim kostimima — dostojanstveno, držeći se za ruke. Pretpostavljala je da će povesti, na njenom mestu u kolima, neku partnerku za to veče. Nikada se nisu ljubili kada bi neko od njih napuštao stan; rekao je, iznenada, ljubazno, zastajkujući dok je uzimao cigarete i ključeve: »Nemoj da samuješ.« Zatim je dodao: »Zar ne želiš da ponekad posetiš svoju porodicu, kad ja moram da izađem?«

Rekao joj je da će ići kući majci koja živi u šumama i planinama njegove zemlje, blizu italijanske granice (pokazao joj je na mapi), posle Božića. Ona mu nije rekla kako je njena majka, ne znajući da postoji i neka druga mogućnost, pretpostavljala da je on lekar, tako da joj je pričala o doktorovoj deci i doktorovoj ženi koja je bila veoma prijatna gospođa, srećna što ima nekoga ko može da pomogne i u ordinaciji i u kući.

S čuđenjem je govorila o njegovoj sposobnosti da radi sve do ponoći ili još kasnije, posle dana provedenog na poslu. Ona je bila tako umorna kada se vrati kući sa kase u supermarketu, da je, pošto jednom pojede večeru, retko mogla da ostane budna. Objasnio joj je, na način koji je mogla da razume, da dok se posao koji ona obavlja stalno ponavlja, ne zahteva nikakvu stvarnu reakciju njene inteligencije, zahteva malo duševnog ili fizičkog napora i prema tome je nezahvalan, njegov posao je za njega bio veoma zanimljiv, naprezao je njegove mentalne mogućnosti do maksimuma, zahtevao njegovu potpunu koncentraciju i stalno ga nagrađivao kako uzbuđenjem zbog problema koji se postavljao, tako i zadovoljstvom zbog njegovog razrešenja. Kasnije je rekao, sklanjajući svoje papire, govoreći u tišini: »Jesi li i nešto drugo radila?« Rekla je: »Bila sam ranije u nekoj fabrici odeće. Sportske košulje, znaš? Ali u radnji bolje plaćaju.«

Naravno. Kako je bio savestan čitalac štampe u svakoj zemlji u kojoj je živeo, bio je svestan da je tek odskora trgovina na malo u ovoj zemlji stekla pravo da upošljava ljude drugih boja kao pomoćnike po radnjama; čak i kucanje na kasi je predstavljao napredak. Zbog stalne nestašice polukvalifikovanih belaca, devojka kao što je ova može da se malo probije u kategoriju gospodskih poslova. Počeo je da je uči da kuca na mašini. Jasno mu je bilo da je njeno znanje engleskog bilo siromašno, iako, kao stranca, njen izgovor u njegovim ušima nije vređao, niti ju je stavljao u kategoriju kao što bi to bilo kod onih koji imaju njegovo obrazovanje a čiji je maternji jezik bio engleski. Ispravljao je njene gramatičke greške, ali je propuštao one manje uočljive zbog sopstvene ponekad egzotične upotrebe engleskog — i dalje je upotrebljavala ličnu zamenicu u jednini »ono« kada je bilo potrebno da se upotrebi množina »oni«. Zato što je bio stranac (iako tako pametan, kao što je zaključila), to joj je manje smetalo nego što bi joj smetale reči za koje je znala da pogrešno piše prilikom kucanja. Dok je sedela za pisaćom mašinom, razmišljala je kako će jednoga dana kucati njegove beleške i praviti kafu koju on voli, primati ga u svoje telo bez reči i sedeti (makar to bilo samo kroz puste ulice mirnih nedelja) pored njega u njegovim kolima, kao da mu je žena.

Jedne letnje noći pred Božić — već je bio kupio i sakrio jedan pomalo gizdav, ali ipak dobar sat za koji je mislio da će joj se dopasti — na vratima se začulo kucanje koje je nju isteralo iz kupatila, a njega diglo na noge, pored radnog stola. Noću nikada niko nije dolazio u stan; nije imao nikakvih toliko intimnih prijatelja koji bi navratili bez najave. Poziv je bio vrlo zapovedničko lupanje koje nije prestajalo, a bilo je jasno da se neće zaustaviti sve dok se vrata ne otvore.

Stajala je na otvorenim vratima kupatila gledajući u njega preko hodnika u dnevnu sobu; veliki peškir za kupanje joj nije prekrivao ramena i bosa stopala. Ništa nǐje govorila, nije čak ni šaputala. Stan kao da se tresao od snažnih sporih udaraca.

On kao da je hteo da krene ka vratima, najzad, ali mu je ona pritrčala i čvrsto uhvatila obe njegove ruke. Divlje je vrtela glavom; usne su joj se povukle, ali su joj zubi bili stisnuti, nije govorila. Odvukla ga je u spavaću sobu, zgrabila nešto čistog veša koji je bio postavljen na krevetu i ušla u plakar, gurajući ključ u njegovu ruku. Mada su mu ruke i listovi na nogama bili hladni, bio je užasnut, odvratno zbunjen pri pogledu na njena pritešnjena leđa dok je tamo čučala ispod njegovih odela i kaputa; bilo je grozno i smešno. *Izađi!*, prošaputao je. *Nemoj! Izađi!* Ona je šištala: *Kuda? Kuda da odem?*

Nije važno! Izađi odatle!

Ispružio je ruku da je dohvati. Pritešnjena, svom silinom svog strašnog šapata ona reče, zatvarajući razmak među zubima: *Baciću se kroz prozor.*

Silom mu je ugurala ključ u šaku kao ručicu noža. Zatvorio je vrata pred nosom i ugurao ključ na mesto u ključaonicu, a zatim ga spustio među sitnež u džepu od pantalona.

Skinuo je lanac koji je bio postavljen preko ravnih vrata. Okrenuo je nareckanu okruglu ručicu »jal« brave. Tri policajca, dvojica u civilnom odelu, stajala su tamo strpljivo, mada su već nekoliko minuta lupali na vrata. Onaj crni, krupan, sa bujnim brkovima, pokazivao je rukom na kojoj je bio pozlaćen upleten prsten neku vrstu lične karte.

Dok mu se krv čudno vraćala u noge i ruke, dr fon Lajnsdorf je tiho rekao: »Šta je bilo?«

Narednik mu je rekao da znaju da je jedna obojena devojka u stanu. Dobili su informaciju. »Motrim na ovaj stan već tri meseca, znam.«

»Ovde sam sâm.« Dr fon Lajnsdorf nije podigao svoj glas.

»Znam, znam ko je ovde. Ovamo...« I narednik i njegova dva pomoćnika uđoše u dnevnu sobu, kuhinju, kupatilo (narednik je uzeo bočicu kolonjske vode za posle brijanja, kao da je proučavao francusku etiketu) i spavaću sobu. Pomoćnici su sklonili čist veš koji je bio položen na krevet, a zatim zavrnuli posteljinu i odneli čaršave naredniku da ih pregleda ispod lampe. Međusobno su razgovarali na afrikanskom jeziku koji doktor nije razumeo. Narednik je lično pogledao ispod kreveta i zadigao duge zavese na prozoru. Plakar je bio one vrste koja nema ručice; primetio je da je zaključan pa je počeo da pita na afrikanskom, a zatim ljubazno prešao na engleski: »Dajte nam ključ«.

Dr fon Lajnsdorf je rekao: »Žao mi je, ostavio sam ga u kancelariji — ja uvek zaključam i svako jutro ponesem ključeve sa sobom.«

»Nema svrhe, čoveče, bolje mi dajte ključ.«

Osmehnuo se malo, umereno. »Na stolu je u kancelariji.«

Pomoćnici su izvadili šrafciger i on ih je posmatrao kako ga ubacuju na mesto gde se dupla vrata dodiruju i kako brzo, čvrsto ali ne i nasilnički otvaraju polugom. Čuo je kako brava popušta.

Tačno, ona je bila naga kada su zakucali na vrata. Sada je na sebi imala potkošulju sa dugim rukavima i slikom leptira na jednom delu grudi i džins pantalone. Stopala su joj još uvek bila bosa; uspela je, pipajući, u mraku, da se uvuče u neku odeću koju je zgrabila sa kreveta, ali nije imala cipele. Možda je plakala iza vrata plakara (obrazi kao da su joj bili umazani), ali joj je lice sada bilo smrknuto i teško je disala, dok joj se dijafragma preterano širila i sakupljala, a grudi upirale u tkaninu. Od toga je izgledala ljuta; možda je to jednostavno bilo zato što se upola gušila u plakaru i zato što joj je bio potreban kiseonik. Nije gledala u dr fon Lajnsdorfa. Nije htela da odgovara na narednikova pitanja.

Odveli su ih u policijsku stanicu gde su ih odmah razdvojili i jedno po jedno odveli na pregled kod opštinskog hirurga. Uzeli su njegov donji veš i ispitali, kao što su to već učinili sa čaršavima, radi tragova njegovog semena. Kada se devojka skinula, otkriveno je da ispod džins pantalona ima na sebi muški donji veš sa njegovim imenom na uredno prišivenoj krpici servisa za pranje; u svojoj žurbi je uzela pogrešnu odeću i odnela u svoje skrivalište.

Sada je plakala, stojeći tamo pred opštinskim hirurgom u muškom donjem vešu.

Ljubazno se pretvarao kao da ne primećuje. Predao je gaćice, džins pantalone i potkošulju iza vrata i pokazao joj da legne na visoki sto prekriven belim čaršavom gde joj je razdvojio noge, postavljajući ih u uzengije i zavukao u nju, tamo gde je onaj drugi našao sebi put na tako topao način, hladan i čvrst instrument koji se sve više i više širio. Slabine i kolena su joj se nekontrolisano tresli dok je doktor gledao u nju unutra i dodirivao njenu duboku unutrašnjost još čvršćim instrumentima na kojima su bili tamponi od gaze.

Kada je iz sobe za preglede nanovo ušla u kancelariju za optužbe, dr fon Lajnsdorfa nije bilo tamo; mora da su ga odveli na neko drugo mesto. Preostali deo noći je provela u ćeliji, kao sigurno i on; rano izjutra ju je oslobodio i odveo u kuću njene majke u predgrađu za obojene jedan belac koji je objasnio da je on pisar advokata koga je dr fon Lajnsdorf angažovao za nju. Dr fon Lajnsdorf je, rekao je pisar, takođe pušten toga jutra uz kauciju. Nije rekao kada, niti da li će ga opet videti.

Izjava koju je devojka dala policiji bila je predata sudu, pa su ona i onaj čovek izašli pred sud kako bi im se izrekle presude za kršenje zakona o nemoralu u jednom stanu u Johanesburgu u noći — 19. decembra 19... »Živela sa ovim belcem u njegovom stanu. Ponekad je sa mnom imao odnose. Dao mi je tablete da uzimam da bih sprečila trudnoću.«

U jednom intervjuu za *Nedeljne novine*, devojka je rekla. »Žao mi je zbog tuge koju sam nanela svojoj majci.« Rekla je da je jedno od devetoro dece radnice koja radi u vešeraju. Napustila je školu u trećem razredu jer u kući nije bilo para za odeću za fiskulturu niti za školski blejzer. Radila je na šivaćoj mašini u fabrici i kao kasirka u supermarketu. Dr fon Lajnsdorf ju je učio da kuca njegove beleške.

Doktor Franc-Jozef fon Lajnsdorf, opisan kao unuk jedne baronese, obrazovan čovek i angažovan na međunarodnim mineraloškim istraživanjima, rekao je da prihvata društvene razlike između ljudi, ali je smatrao da one ne treba da budu nametnute zakonskim putem. »Čak i u mojoj zemlji je teško nekoj osobi iz viših slojeva da sklopi brak sa nekom osobom iz nižih slojeva.«

Optuženi nisu davali nikakve izjave. Nisu se pozdravili, niti razgovarali u sudnici. Odbrana je tvrdila da je narednikova izjava da su oni živeli zajedno, kao muž i žena, prava jeres. (Žena sa jazavičarem, nastojnik?) Sudija ih je oslobodio, jer Država nije bila u stanju da dokaže da je u noći 19. decembra 19... došlo do telesnog snošaja.

U nedeljnom izdanju novina su naveli reči devojčine majke, uz fotografiju: »Više nikada neću dozvoliti da mi ćerka radi kao sluškinja kod belaca.«

SEOSKI LJUBAVNICI

Dok su mala, deca na farmi se igraju zajedno; pošto deca belaca jednom pođu u školu, ona se uskoro više ne igraju zajedno, čak ni u vreme raspusta. Mada većina crnačke dece stekne neku vrstu obrazovanja, ona svake godine zaostaju sve više za razredima koje su položila deca belaca; dečiji rečnik, dečije istraživanje pustolovnih mogućnosti koje pružaju brane, brežuljci, kukuruzna polja i pašnjaci — dođe vreme kada bela deca ovo prevaziđu rečnikom internata i mogućnostima međuškolskih sportskih susreta i avantura one vrste kakve se viđaju na filmu. Ovo se zgodno poklapa sa dobom od dvanaest ili trinaest godina, tako da već u vreme kada se dostigne rano mladalaštvo, crna deca prave, zajedno sa telesnim promenama koje su zajedničke za sve, lak prelaz na oblike oslovljavanja odraslih, počinjući da oslovljavaju svoje stare drugare iz igre sa *misiz* i *basi* — mali gazda.

Nevolja je bila u tome što Paulus Ejsendik kao da nije shvatao da je Tebedi sada jednostavno bila jedno iz gomile dece na farmi dole u kralu[1], koja se prepoznaje po staroj odeći njegove sestre. Za prve božićne praznike, pošto je otišao u internat, kući je doneo za Tebedi obojenu kutiju koju je napravio na času duboreza. Morao je da joj je dâ u potaji jer ništa nije imao za drugu decu u kralu. A ona je njemu dala, pre povratka u

---

[1] Kral (eng. kraol) — naziv za urođeničko naselje (u Južnoj Africi), ali i tora za stoku. — Prim. red.

školu, narukvicu koju je sama napravila od tanke mesingane žice i sivo-belih semenki ricinusa koji je njegov otac gajio. (Kad su se nekada zajedno igrali, ona je bila ta koja je naučila Paulusa kako da od gline pravi volove za njihove igračkezaprege.) Bila je neka moda, čak i u gradovima *vlattelanda* kao u onom u kome je išao u školu, da dečaci nose narukvice od slonove dlake ili nekeg drugog pored kaiševa za sat; njegovoj su se divili, drugovi su ga molili da i njima nabavi slične. Rekao je da ih domoroci prave na farmi njegovog oca i da će pokušati.

Kada mu je bilo petnaest godina, bio je visok šest stopa i cupkao po školskim igrankama sa devojčicama iz »sestrinske« škole u istom gradu; kada je naučio kako dą zadirkuje i flertuje i da mazi prilično intimno ove devojčice koje su bile ćerke uspešnih farmera kao što je bio njegov otac; kada je čak upoznao jednu koja ga je, na venčanju kome je prisustvovao sa svojim roditeljima na susednoj farmi, navela da sa njom radi u jednom zaključanom skladištu ono što ljudi rade kad vode ljubav — kada je toliko bio udaljen od svoga detinjstva, on je ipak doneo kući iz jedne radnje u gradu crveni plastični kaiš i pozlaćene naušnice u obliku halke za crnkinju, Tebedi. Rekla je ocu da joj je to dala misiz kao nagradu za neki posao koji je obavila — tačno je bilo da su je pozivali da ponekad pomogne u kući na farmi. Rekla je devojkama u kralu da je imala dragana o kome niko ništa ne zna, daleko, daleko na jednoj drugoj farmi, a one su se kikotale, zadirkivale je i divile joj se. Bio je neki dečak u kralu po imenu Njabulo koji je rekao da bi i on voleo da joj je doneo kaiš i minđuše.

Kada je farmerov sin bio kod kuće na raspustu, odlutala je daleko od krala i svojih drugarica. On je išao sam u šetnje. Nisu to isplanirali;

bio je to nagon koji je svako od njih odvojeno sledio. Znao je da je to ona, još izdaleka. Znala je da njegov pas neće lajati na nju. Dole na koritu presahle reke gde su pre jedno pet-šest godina deca bila uhvatila iguanu jednog velikog dana — stvorenje koje je bilo idealna kombinacija veličine i strašnih osobina krokodila i pitomosti jednoga guštera — čučali su jedno pored drugog na zemljanom nasipu. Pričao joj je priče putnika: o školi, o kaznama u školi naročito, preuveličavajući kako njihovu prirodu, tako i njegovu ravnodušnost prema njima. Pričao joj je o gradu Midlburgu, koji ona nikada nije videla. Ona nije imala o čemu da priča, ali je njega podsticala, kao svaki dobar slušalac. Dok je govorio, uvrtao je i vukao korenje belog smrdljivog drveta i vrba koje su se izvijale iz isušene zemlje oko njih. To je oduvek bilo dobro mesto za dečiju igru, tamo dole sakriveno mrežom starog drveća koje su pojeli mravi, koje na tom mestu održavaju ona žilavija stabla, divljim asparagusom koji buja između stabala i pokojim bodljikavim plodom kaktusa, usahlim i bodljikavim kao lice kakvog starca, koji ostaje u životu i bez soka sve do naredne sezone kiša. Dok je slušala, ona je bezbroj puta probušila bodljikavi plod oštrim štapićem. Puno se smejala onome što joj je pričao, ponekad spuštajući lice na kolena, deleći radost sa hladnom, senovitom zemljom ispod svojih bosih stopala. Oblačila je svoje cipele — bele sandale, namazane debelim slojem belila kako bi ih zaštitila od prašine na farmi — kada je on bio na farmi, ali ih je sada skinula i ostavila na stranu, na rečnom koritu.

Jednog letnjeg popodneva, kada je onuda proticala voda i bilo vrlo toplo, zagazila je kao što su to nekada činili dok su bili deca, a haljina joj je bila stidljivo sakupljena i podvučena pod nogavice gaćica. Učenice sa kojima je išao na plivanje na branama ili u bazenima na farmama u susedstvu nosile su bikini, ali prizor njihovih zasenjujućih trbuha i bedara na suncu nikada ga nisu pobudili da oseća ono što je osećao sada, kada je devojka izašla na nasip i sela pored njega, dok su se kapi vode kao perle slivale niz njene tamne noge, jedina svetla mesta u dubokoj senci koja miriše na zemlju. Nisu se plašili jedno drugog, oni su se oduvek znali; uradio je sa njom ono što je učinio onda u skladištu za vreme svadbe, a ovoga puta je to bilo tako divno, tako divno, bio je iznenađen... a i ona je time bila iznenađena — mogao je da vidi na njenom tamnom licu koje je bilo deo senke, sa njenim krupnim očima, sjajnim kao meka voda, koje su ga pažljivo promatrale: kao što ga je promatrala kad su se nadvijali nad zapregom volova od gline, kao kad joj je pričao o zadržavanju u školi posle nastave za kaznu, preko vikenda.

U toku tog letnjeg raspusta često su odlazili do rečnog korita. Sastajali su se pred sumrak, jer je on brz, a vraćali se svojim kućama sa mrakom — ona u kućicu svoje majke, a on u kuću na farmi — na vreme za večernji obed. Više joj nije pričao ni o školi ni o gradu. Ona više nije postavljala pitanja. Rekao bi joj, svaki put, kada će se ponovo sresti. Jednom-dvaput je to bilo rano izjutra: mukanje krava koje gone na pašu dopiralo je do mesta gde su ležali, deleći bez reči prepoznavanje zvuka, što se moglo pročitati u njihova dva para očiju koja su se otvarala tako blizu jedan drugom.

U školi je bio popularan dečak. Bio je u drugom, pa onda u prvom fudbalskom timu. Pričalo se da se glavna devojčica iz »sestrinske« škole zacopala u njega; ona mu se nije naročito sviđala, ali je bila jedna zgodna plavuša koja je svoju dugu kosu uvijala u neku vrstu krofne uvezane crnom trakom; vodio ju je da gleda filmove kada su učenici i učenice imali slobodno subotnje popodne. Vozio je traktore i druga vozila na farmi još od desete godine, a čim je napunio osamnaest, dobio je vozačku dozvolu, pa je za vreme raspusta, ove poslednje godine života u školi, vodio susedove ćerke na igranke i u bioskop gde se film gleda iz kola, koji je upravo bio otvoren na dvadeset kilometara od farme. Sestre su mu se poudavale, do tada; roditelji su ga često ostavljali samog da pazi na farmu preko vikenda, dok su oni išli u posete tim mladim ženama i unucima.

Kada bi Tebedi ugledala farmera i njegovu suprugu kako odlaze kolima neke subote po podne, a gepek »mercedesa« napunjen tek zaklanom živinom i svežim povrćem iz bašte, što je bio deo posla o kome se starao njen otac, znala bi da ne treba da ide do rečnog korita, već do kuće. Kuća je bila stara, sa debelim zidovima, senovita, protiv vreline. Kuhinja je bila njena glavna arterija, sa poslugom, zalihama namirnica, mačkama, koje mijauču za hranom, i psima, loncima koji kipe, navlaženim rubljem za peglanje i velikim zamrzivačem koji je misiz naručila iz grada, sa šustiklom i vazom sa plastičnim perunikama. Ali trpezarija sa teškim stolom masivnih nogu bila je zatvorena u svom bogatom, starom mirisu supe i sosa od paradajza. Zastori na salonu su bili navučeni, a tv-prijemnik nem. Vrata roditeljske spavaće sobe su bila zaključana, a u praznim sobama, u kojima su nekada spavale devojčice, plastični prekrivači su bili prebačeni preko kreveta. U jednoj od tih soba su ona i farmerov sin ostajali zajedno po čitave noći — skoro: morala je da ode pre nego što kućna posluga, koju je poznavala, dođe pred zoru. Postojala je opasnost da bi neko mogao da otkrije nju ili tragove njenog prisustva ako bi je on poveo u svoju spavaću sobu, mada je ona više puta zavirila u nju kada je ispomagala u kući i dobro znala, tamo, onaj niz srebrnih pehara koje je osvojio u školi.

Kada joj je bilo osamnaest, a farmerovom sinu devetnaest godina i kada je sa svojim ocem radio na farmi pre upisa na veterinarski fakultet, mladić Njabulo ju je zaprosio od njenog oca. Njabulovi roditelji su se sastali sa njenim pa je bio dogovoren i novčani iznos koji je trebalo da isplati umesto da dâ krave, kako je to običaj da se dâ roditeljima buduće mlade. On nije imao krava da ih ponudi; bio je fizički radnik na Ejsendikovoj farmi, kao i njen otac. Bistar momak; stari Ejsendik ga je naučio da zida, pa ga je povremeno koristio na zidarskim poslovima na farmi. Ona nije rekla farmerovom sinu da su joj njeni roditelji sredili udaju. Nije mu rekla, takođe, ni pre nego što je krenuo na prvi semestar na veterinarskom fakultetu, da misli da će dobiti bebu. Dva meseca pošto se udala za Njabula, rodila je ćerku. To nije bila nikakva sramota; u njenom narodu sasvim je obično da se mladić uveri, pre venčanja, da njegova izabranica nije nerotkinja, pa je Njabulo imao sa njom odnose. Međutim, detence je bilo sasvim svetlo i nije brzo tamnelo kao što je to slučaj kod većine afrikanskih beba. Već na rođenju bilo je na njenoj glavi dosta pravih, finih dlačica, kao one što na sebi nosi seme nekih korova na livadi. Neusredsređene oči koje je otvarala imale su sivo-žute tačkice. Njabulo je bio zagasit, boje tamne mlevene kafe koja se oduvek nazivala crnom; boja Tebedinih nogu na kojoj su kapi vode izgledale plave kao školjka ostrige, ista boja kao Tebedino lice, na kome su crne oči, sa svojim zainteresovanim pogledom i čistim beonjačama, bile tako dominantne.

Njabulo se nije žalio. Od radničke plate koju je zaradio na farmi kupio je u indijskoj radnji kutiju sa prozorom od celofana u kojoj su bili plastična kadica, šest pelena, pakovanje igala sigurnica, pletena benkica, kapica i cipelice, jedna haljinica i kutija Džonsonovog dečjeg pudera, za Tebedinu bebu.

Kada je imala dve nedelje, Pulus Ejsendik je došao kući sa veterinarskog fakulteta na raspust. Popio je čašu svežeg, još uvek toplog mleka u kuhinji svoje majke detinjasto prisno i čuo ju je kako raspravlja sa starim kućnim slugom gde bi mogli da nađu pouzdanu zamenu za ispomoć sada kada je ta devojka Tebedi dobila bebu. Prvi put, još od kada je bio mališan, otišao je pravo u kral. Bilo je jedanaest sati pre podne. Muškarci su radili po poljima. Osvrtao se oko sebe, napeto; žene su okretale glavu, nijedna nije želela da bude ta kojoj će prići da bi pokazala gde živi Tebedi. Pojavila se Tebedi, izlazeći lagano iz kućice koju je sagradio Njabulo, u stilu belaca, sa tankim dimnjakom i pravim prozorom sa zastakljenim oknima postavljenim onoliko ravno koliko to dozvoljavaju zidovi od nepečene cigle. Pozdravila ga je sklopljenim rukama i uobičajenim pokretom koji predstavlja poklon u znak poštovanja, što je ona bila navikla da čini kada je bila u prisustvu njegovog oca i majke. Sagnuo je glavu na ulazu njene kuće i ušao. Rekao je: »Hoću da vidim. Pokaži mi.«

Bila je skinula zavežljaj sa leđa pre nego što je izašla napolje na svetlost da bi se suočila sa njim. Kretala se između gvozdenog kreveta nameštenog Njabulovim kariranim ćebićima i malog drvenog stola na kome je stajala plastična kadica između hrane i kuhinjskih lonaca, podigla smotuljak iz ćebetom fino ututkane kutije iz trgovine gde je ležao. Dete je spavalo; otkrila mu je zatvoreno, bledo, bucmasto, sićušno lice, sa mehurićem pljuvačke u uglu usta dok su se rozikaste ručice nalik na pauka micale. Skinula je vunenu kapicu i ravna fina kosica polete za njom od statičkog elektriciteta, pokazujući pozlaćene pramenove tu i tamo. Nije ništa rekao. Posmatrala ga je onako kako je to činila kad su bili mali, a gomila dece ugazila neku biljku u svojoj igri ili na neki drugi način nešto zgrešila zbog čega je on, kao farmerov sin, jedini belac među njima, morao da posreduje kod farmera. Uznemirila je usnulo lice blagim češkanjem ili golicanjem po obrazu jednim prstom i oči se lagano otvoriše, ništa nisu videle, još su spavale, a zatim, razbuđene, više ne onako sužene, gledale ih, sive sa žućkastim tačkicama, njegove sopstvene oči boje lešnika.

Borio se za trenutak sa grimasom u suzama, besom i samosažaljenjem. Nije mogla da mu pruži ruku. Rekao je:»Nisi s njom dolazila blizu kuće?«

Odmahnula je glavom.

»Nikada?«

Ponovo je odmahnula glavom.

»Ne iznosi je napolje. Ostani unutra. Zar ne možeš nekuda da je odvedeš? Moraš je dati nekome.. :.«

Išla je ka vratima sa njim.

Rekao je:»Videću šta ću da učinim. Ne znam.« A onda je rekao:»Dođe mi da se ubijem.«

Oči su joj zablistale, punile se suzama. Za trenutak je među njima zavladalo osećanje koje se nekada javljalo kada su bili sami, tamo na rečnom koritu.

Izašao je.

Dva dana kasnije, kada su njegovi majka i otac otišli na ceo dan sa farme, ponovo se pojavio. Žene su bile otišle na polja, plevile korov, jer su ih uposlili da rade kao ispomoć za vreme leta; ostali su samo oni sasvim stari, poduprti na zemlji ispred kućica, među muvama, na suncu. Detetu nije bilo dobro, imalo je proliv. Pitao je gde mu je hrana. Rekla je:»Mleko je moje.« Ušao je u Njabulovu kuću gde je ležalo dete; nije pošla za njim, već je ostala ispred vrata i gledala, ne videći ništa, jednu staricu, koja je izgubila pamet, kako priča sama sa sobom, kako priča sa živinom koja je uopšte ne gleda.

Učinilo joj se da je čula tiho gukanje, onu vrstu gukanja bebe kad joj je pun stomak, dubok san. Posle nekog vremena, kraćeg-dužeg, nije znala, pojavio se i laganim i teškim hodom (osobina njegovog oca) nestao iz vida, ka kući svoga oca.

Bebu nisu hranili u toku noći i mada je stalno govorila Njabulu da spava, sam se izjutra uverio da je bila mrtva. Tešio ju je rečima i milovanjem. Ona nije plakala, već je jednostavno sedela, buljila u vrata. Na njegov dodir ruke su joj bile hladne kao noge mrtve kokoške.

Njabulo je sahranio malu bebu tamo gde se radnici sa farme sahranjuju, na onom mestu na livadi koje im je dao farmer. Neke od humki su bile prepuštene vremenu da ih zatre bez znaka, dok su druge bile pokrivene kamenjem, a samo mali broj je imao pale krstove. Hteo je da napravi krst, ali pre nego što je bio gotov, došla je policija, raskopala grob i odnela mrtvu bebu: neko — neko od drugih radnika? njihovih žena? — bio je prijavio da je beba bila skoro bela i da je, iako snažna i zdrava, naglo umrla posle posete farmerovog sina. Patološki testovi na lešu deteta su pokazali oštećenje creva što nije uvek slučaj kod prirodne smrti.

Tebedi je prvi put otišla u taj grad u kome je Paulus išao u školu, da dâ izjavu za pripremni postupak za optužbu za ubistvo koja je podignuta

protiv njega. Histerično je plakala na klupi za sve-
doke izgovarajući da, da (pozlaćene minđuše u
obliku prstenova su joj se klatile na ušima), ona
je videla kako optuženi sipa tečnost u bebina usta.
Rekla je da joj je pretio da će je ubiti iz puške
ako ikome kaže.

Proteklo je više od godinu dana pre nego što
je, u tom istom gradu, počelo suđenje. Došla je
u sud sa novorođenom bebom na leđima. Imala
je pozlaćene minđuše u obliku prstenova; bila
je mirna; rekla je da nije videla šta je belac
uradio sa bebom u kući.

Paulus Ejsendik je rekao da jeste posetio
kuću, ali da nije otrovao dete.

Odbrana nije osporavala da je postojao lju-
bavni odnos između optuženog i te devojke niti
da je došlo do polnih odnosa, ali je tvrdila da
ne postoje nikakvi dokazi da je to dete bilo dete
optuženog.

Sudija je rekao optuženom da postoji velika
sumnja protiv njega, ali da nema dovoljno dokaza
da je on počinio zločin. Sud nije mogao da pri-
hvati izjavu devojke, jer je bilo jasno da je ona
izvršila krivokletstvo ili na ovom suđenju ili pri-
likom istražnog postupka. Po mišljenju suda, po-
stojala je sumnja da bi ona mogla biti saučesnik
u zločinu; ali opet, nedovoljni dokazi.

Sudija je pohvalio časno držanje supruga (koji
je sedeo u sudu sa kapom podeljenom na četiri
polja žutom i braon bojom kakve se kupuju za
nedeljne izlaske) koji nije odbio svoju ženu i koji
je »čak obezbedio odeću za nesrećno dete iz svo-
jih skromnih sredstava«.

Presuda optuženom je bila »nije kriv«.

Mladi belac je odbio da primi čestitanja štam-
pe i prisutnih, i napustio je sud skrivajući majči-
nim kišnim mantilom svoje lice od fotografa.
Njegov otac je izjavio novinarima: »I dalje ću se

truditi da u ovom kraju opstanem što časnije mogu.«

U intervjuu koji je dala za nedeljno izdanje novina, koje su njeno ime pisale na čitav niz načina, ispod fotografije, bile su citirane reči crnkinje koja je govorila na svom sopstvenom jeziku: »Bila je to stvar našeg detinjstva, više se ne viđamo.«

NIJE ZA OBJAVLJIVANJE

Uglavnom nije poznato — a u zvaničnim biografijama se nikada ne pominje — da je Premijer svojih prvih jedanaest godina života, počev odonda kada su bili sigurni da ga neće pregaziti auto, proveo vodeći svog ujaka po ulicama. Njegov ujak, u stvari, nije bio slep, ali skoro, mada je definitivno bio lud. Hodao je držeći svoju desnu ruku na dečakovom levom ramenu; deo dana su provodili u hodanju, ali su, isto tako, imali i svoje stalno mesto na hladovitoj strani ulice, između čoveka bez nogu, blizu pošte, koji je prodavao pertle i bakarne narukvice, i onoga što mu iz lakta raste ruka, mala kao u lutke, čije je stalno mesto bilo ispred Udruženja mladih hrišćana. Upravo tu je Adelajd Grem-Grig našla tog dečaka, a on joj je kasnije objasnio: »Ako sediš na suncu, nikad ništa ne dobiješ.«

Gospođica Grem-Grig nije tražila Prajz Basetsa. Došla je iz nekog britanskog protektorata u Johanesburg, u jednu od svojih poseta, da obiđe prijatelje, istražuje i prati, uporedo, svoju privatnu studiju praćenja sudbina onih ljudi iz plemena koji su prešli granicu i izgubili se, ponekad i više generacija, u tom gradu. I dok je opipavala među papirima i pismima u svojoj torbi da nađe novčić od šest penija i ubaci u starčev šešir, čula ga je kako nešto mumla dečaku na jeziku svog plemena — što samo po sebi nije ništa mnogo značajno u ovom gradu gde su se mogli čuti mnogi afrički jezici. Ali ovi zvuci su se u njenom uhu prtvarali u reči: bio je to jezik koji je ona malo

73

naučila da razume. Pitala je na engleskom, koristeći samo uobičajeni način oslovljavanja na jeziku tog plemena, da li je starac pripadnik plemena. Ali kada je novčić zvecnuo, on je počeo mrmljajući da blagosilja kao što na udarac proradi neki izanđali i beskoristan mehanizam. Dečak mu je govorio, gurkao ga laktom; on je na neki grub način već naučio da bude poslovan čovek. Onda se starac pobunio, ne, ne, on je davno došao iz tog plemena. Još davno, davno. On je bio Johanesburg. Videla je da je pobrkao pitanje sa nekim rutinskim ispitivanjima po kancelarijama gde se izdaju dozvole za boravak, gde je za čoveka sa neke druge teritorije uvek postojala opasnost da mu upišu neku zaboravljenu »domovinu«. Obratila se dečaku i pitala ga da li je poreklom iz Protektorata. Preplašeno je odmahivao glavom; organizacija za brigu o deci već ga je jednom oterala sa ulice. »Ali tvoj otac? Tvoja majka?«, reče gospođica Grem-Grig sa osmehom. Otkrila je da je starac došao iz Protektorata, baš iz onog sela u kome je i ona živela i da su njegova deca i unuci nastavili da govore tim jezikom kao svojim maternjim, između sebe, sve do druge generacije koja se rodila u tuđem gradu.

Sada ova dvojica više nisu bili prosjaci koje treba potisnuti iz njene svesti jednim novčićem: oni su bili članovi plemena. Saznala je u koji se deo grada vraćaju posle dana provedenog u prošnji, razgovarala sa porodicom, izborila se da starac ostvari pravo na penziju u svojoj novoj domovini, a pre svega, učinila nešto za dečaka. Nikada nije uspela da tačno sazna ko je on bio — zaključila je da je sigurno bio vanbračno dete jedne od devojaka u porodici, njegovo poreklo je prikrivano kako bi mati mogla da nastavi školovanje. U svakom slučaju, bio je potomak plemena, raseljen član plemena i nije se smelo dopustiti da i dalje ide ulicama i prosi.

Dotle su razmišljanja gospođice Grem-Grig dopirala, u početku. Niko ga posebno nije želeo i nije naišla ni na kakav otpor u porodici kada je predložila da ga vrati u Protektorat i upiše u školu. Otišao je sa njom baš kao što je svakoga dana pod teretom starčeve ruke išao ulicama Johanesburga.

Dečak nikada nije išao u školu. Nije znao da piše, ali je gospođica Grem-Grig bila zapanjena kada je otkrila da je mogao sasvim tačno da čita. Sedeći pored nje u njenim malim kolima u kratkim kaki pantalonama i košulji koje mu je kupila, oslobođen zaštite svojih smrdljivih krpa i potpuno prepušten njenim pitanjima, ispričao joj je da je naučio od prodavaca novina čiji je kiosk bio na uglu: sa plakata koje su se menjale nekoliko puta dnevno, a onda i sa naslovnih stranica novina i časopisa koji su tamo bili izloženi. Blagi bože, šta on sve nije naučio na ulici. Sve van njegove kože bilo mu je nepoznato, pa čak i taj čudno nepoznat miris — ta odvojenost, shvatala je, uticali su da dete počne da govori kako nikada ne bi moglo da je bilo ono isto. Bez ulepšavanja, ispričao je otrcanost svog života: od onog čoveka sa bakarnim narukvicama, onog bez nogu, naučio je kako da pravi *dagga* cigarete i da ih puši radi finog uživanja. Pitala ga je šta misli da će raditi kad odraste, ako mora stalno da ide sa svojim ujakom, a on je rekao da bi želeo da pripada nekoj grupi dečaka, malo starijih od njega, koji su veoma sposobni da zarade. Do novca su dolazili iz džepova i tašni belaca, a da ovi to nisu ni primećivali, a ako bi naišla policija, počeli bi da pište u pištaljke i pevaju. Rekla mu je sa osmehom: »E, sad možeš potpuno da zaboraviš na ulicu. O njoj više nikada nećeš morati da razmišljaš.« A

75

on je rekao: »Da, mad-dam«, pri čemu je znala da nema pojma na šta on misli — otkud bi i mogla? Jedino što je mogla da ponudi bile su druge nepoznanice, nepoznanice opšteg ohrabrenja, kao: »a, uskoro ćeš naučiti da pišeš.«

Primetila je da se strašno stidi zato što ne ume da piše. Kada je morao to da prizna, postiđeno lice koje joj je okretao kad god mu je govorila imalo je neku zgrčenu grimasu — zubi koji su virili i bora, kakvu imaju odrasli, između tankih dečjih obrva — sa izrazom potpunog poniženja. Poniženje je užasavalo Adelaid Grem-Grig kao što prizor divljeg besa plaši druge. To je bila jedna od stvari koje je mrzela kod misionara: način na koji su naglašavali Hristovo prepuštanje poniženju i postigli da narodi Afrike prihvate da ih belci ponižavaju.

Prajz je išao u svetovnu školu za čije je osnivanje u selu platio komitet prijatelja plemena gospođice Grem-Grig u Londonu, kako bi se suprotstavili školi misije. Jedini kvalifikovan nastavnik bio je jedan mladić koji je svoje obrazovanje stekao u Južnoj Africi, a sada su ga vratili da služi svome narodu; međutim, bio je to tek početak. Kao što je Adelaid Grem-Grig često govorila poglavici, sjajnih očiju kao i svaka ponosita ćerka: »I dok dođe nezavisnost, mi ne samo da ćemo se osloboditi Britanaca već i crkve.« A on se uvek kikotao zbunjeno, mada ju je tako dobro poznavao i bio dovoljno star da joj bude otac, jer je njen rođeni otac bio i bivši član britanskog parlamenta i sin biskupa.

Tačno je bilo da je sve predstavljalo početak; u tome se i sastojala sva lepota — glatke kuće od blata, crvena zemlja, muve i toplota za koju su se posetioci iz Engleske pitali kako ona može da je mesecima podnosi — dok su njihovi dvor-

ci i katedrale i ulice zbijeni na presahlim nasto-
janjima hiljada godina, predstavljali završetak.
Čak je i Prajz bio početak; jednoga dana pleme će
biti ekonomski dovoljno snažno da okupi sve svo-
je izgnanike kod svoje kuće, pa više neće biti po-
trebno da njegovi sinovi prodaju svoj rad preko
te granice. Međutim, uskoro je postalo jasno da
je i Prajz bio izuzetan. To što je naučio da čita
sa novinskih naslova nije bio rezultat najprizem-
nije bistrine; pokazalo se da je to bio nagon prave
inteligencije koja se ne može suzbiti. Za šest ne-
delja dečak je mogao da piše, a još od samog po-
četka mogao je tačno da piše, dok dečaci od šesna-
est i osamnaest godina nikada nisu uspevali da
savladaju engleski pravopis. Iz računa je bio tako
dobar da je morao da pohađa treći razred umesto
prvog; odmah je shvatio šta je to mapa; u slobod-
no vreme je pokazao izuzetnu sklonost za rad raz-
nih mehanizama, od pumpe za vodu do motora
na motociklu. Za osamnaest meseci je završio na-
stavni program za peti razred, samo godinu dana
posle prosečne starosti gradskog deteta, belca, sa
svim preimućstvima koja donosi kuća u kojoj žive
pismeni ljudi.

U to vreme nije bilo nijednog drugog deteta
u plemenskoj školi koje je bilo spremno za šesti
razred. Teško je bilo odlučiti šta drugo uraditi, sa-
da, već Prajza poslati natrag, preko granice, u ško-
lu. Tako je gospođica Grem-Grig odlučila da to
mora da bude otac Odri. Nije preostajalo ništa dru-
go. Jedina alternativa je bila škola misije, oni pro-
kleti jezuiti koji sede u Protektoratu još od dana
kada su beli imperijalisti grabili, uzimajući pleme-
na pod svoju »zaštitu« — a deca sa kojom bi dečak
bio u razredu ionako ne bi pružala nikakav pod-
strek. Znači, moraće to da bude otac Odri i Južna
Afrika. Bio je sveštenik, uz to, anglikanski, ali
je njegova škola bar bila mesto gde je crnačko

dete, uporedo sa molitvama, moglo da stekne isto tako dobro obrazovanje kao i dete belca.

Kada je Prajz otišao u savanu sa ostalim dečacima, oči su mu zažmirile dok je promatrao njenu veličinu: zemlja je bežala na sve strane, a nije bilo nijedne druge strane koja se mogla videti; samo neočekivana pojava neba, koje je bilo još veće. Vetar ga je naterao da njuška kao pas. Stajao je bespomoćan kao seljaci koje je video kako stoje, jer ih je na sredini ulice zatekla promena svetla na semaforu. Delići prostora između zgrada su se spojili, neometeno skupljeni u nešto nalik na balon, bio je izgubljen; ali je bilo i oblaka velikih kao što su bile zgrade, i mada je prostor bio prostraniji od bilo kog grada, bio je nastanjen pticama. Ako čovek trči deset minuta kroz savanu, selo nestane; ali dole, nisko na zemlji, hiljade mrava nalazi svoj put među svojim tvrdim nasipima koji se nižu unedogled kao i zemlja.

Išao je da čuva stoku sa starijom decom rano izjutra i posle škole. Učio ih je nekim kockarskim igrama za koje nikada nisu čuli. Pričao im je o gradu koji nikada nisu videli. Novac u starčevom šeširu činio im se velikim, njima koji nisu nikada dobili više od nekoliko penija na postaji udaljenoj pet milja; pa je i iznos rastao po njegovoj sopstvenoj proceni, a pomalo je i preterivao. U svakom slučaju, zaista je *počeo* da zaboravlja na grad, na izvestan način; ne na način gospođice Grem-Grin, već na neki način deteta koje kao osica gradi zgradu sopstvenom pljuvačkom, sopstvenim sadržajem unutar okolnosti koje su ga okruživale, tako da je prostor oko njega bio sveden na to selo, pojilo za stoku, postaju kroz koju je voz prolazio; bilo koji određeni komadić peščanog tla ili oštre trave, uz vrvljenje mrava, po kojoj su se valjala deca, priljubljenih glava, između belih cvasti maslačaka i stoke. Od drugih je naučio koje je korenje i lišće dobro za žvakanje i kako se postavljaju zamke od žice za južnoafričke zečeve. Mada je gospođica Grem-Grig rekla da ne mora, nedeljom je sa decom išao u crkvu.

Nije živeo tamo gde i ona, u jednoj od poglavičinih kuća, već sa porodicom jednog od ostalih dečaka; ali je često bivao u njenoj kući. Molila ga je da joj prekucava pisma. Isecala je razne stvari iz novina pa mu ih je davala da čita; bili su to napisi o avionima, o branama u izgradnji i načinu života ljudi po drugim zemljama. »Sada ćeš moći da pričaš dečacima sve o brani na Volti, koja je isto tako u Africi — daleko odavde — ali ipak u Africi«, rekla je ona, uz onaj iznenadni osmeh od koga su joj rumeneli obrazi. Imala je gramofon, pa mu je puštala ploče. Ne samo muziku, već i ljude koji čitaju naše pesme, tako da je znao da pesme u školskoj čitanci nisu samo kratki nizovi reči, već pre kao melodije. Spremala mu je čaj sa puno šećera i molila ga da joj pomogne da nauči jezik njegovog plemena, da na njemu razgovara sa njom. Nije mu bilo dopušteno da je oslovljava sa *madam* ili *misiz*, kako je oslovljavao belkinje koje su mu nekada stavljale novac u šešir, već je morao da nauči da kaže *mis Grem-Grig*.

Mada nikada ranije nije poznavao nijednu belkinju, već je samo prepoznavao kao cipele sa visokom štiklom koje brzo prolaze ulicom, nije smatrao da sve belkinje treba da budu nalik na nju; sudeći po onome kako je on video belce, u njihovim kolima, njihovom bogatstvu, njihovom odstojanju, ništa nije shvatao od onoga što je ona radila. Ličila je na njih, sa svojim plavim očima, plavom kosom i kožom koja nije imala samo jednu, već više boja; tamna tamo gde ju je sunce opalilo, crvena kad se zarumeni — ali je ovde živela u poglavičinim kućama, vozila ga je koli-

79

ma, a ponekad spavala na poljima sa ženama u vreme žetve kafirskog prosa, daleko van sela. Nije znao zbog čega ga je tamo dovela niti zbog čega ona treba da bude ljubazna prema njemu. Ali nije mogao da je pita, baš kao što nije mogao ni da je pita zbog čega je odlazila da spava po poljima kada ima gramofon i divnu gas-lampu (uspeo je da joj je opravi) u svojoj sobi. Ako bi, dok su razgovarali, razgovor makar izokola došao do onog mesta ispred pošte, ona je lagano postajala sve crvenija, pa bi ga prošli ili tako što bi zaćutali ili tako što bi (bar ona) brzo pričala i smejala se.

Zbog toga je bio zgranut onoga dana kada mu je rekla da će se on vratiti u Johanesburg. Čim mu je to rekla, jako se zacrvenela, oči su joj pokazivale zbunjenost: tako da se, u stvari, iz nje nanovo pojavila vizija onoga mesta ispred pošte. Ali, ona je već govorila: ».. . u školu. U zaista dobar internat. U školu oca Odrija, oko devet milja van grada. Moraš da okušaš svoju sreću u jednoj dobroj školi, Prajze. Zaista ne možemo da te više ovde učimo onako kako treba. Možda ćeš ti jednoga dana ovde biti učitelj. Postojaće gimnazija, a ti ćeš biti direktor.«

Uspela je da mu izmami osmeh, ali je izgledala tužna, nesigurna. On se i dalje smešio jer nije mogao da joj ispriča o školi za prva ljubavna iskustva koju je upravo hteo da otvori sa ostalim dečacima iz svoje starosne grupe. Možda će joj neko ispričati. Druge žene. Možda čak i poglavica. Ali nju nije mogao da obmane osmeh.

»Biće ti žao da ostaviš Tebedi, i Džozefa, i ostale.«

Stajao je tako i smešio se.

»Prajze, ja mislim da ti ne shvataš o čemu se radi kod tebe — u vezi sa tvojim sposobnostima.« Začu se isprekidan smeh, začet u njenoj glavi. »One su izvanredne. Imaš više u glavi nego drugi dečaci — znaš? To je nešto izuzetno — bila bi velika šteta. Mnogi bi ljudi voleli da su pametni kao ti, ali to nije lako, kad si ti taj koji je pametan.«

On se i dalje smešio. Više nije želeo da njeno lice i dalje gleda u njegovo pa je svoje oči prikovao za njena stopala, bela stopala u sandalama sa venama koje su iskočile preko gležnjeva kao stopala Hrista koja vise iznad njegove glave u crkvi.

Adelajd Grem-Grig se pre toga našla sa ocem Odrijem, naravno. Svi ti belci koji ne prihvataju rasnu podelu u Južnoj Africi kao da se međusobno poznaju, bez obzira na to koliko su različite osnove njihovog neslaganja. Pre nekoliko godina ona je bila sa njim u nekakvom komitetu u Londonu, zajedno sa parom prognanih levičara iz Južne Afrike i jednim nacionalnim liderom, crncem. U svakom slučaju, svi su ga poznavali — iz štampe, ako niotkud drugo: u jednom javnom govoru premijer Južnoafričke Republike dr Vervoerd ga je opomenuo da se mešanje jednog sveštnika u politiku neće tolerisati. Nastavio je da iznosi svoje mišljenje i (kako su ga citirali u štampi) »da sluša božje zapovesti, a ne ono što mu diktira država«. Imao je bliske prijatelje među afričkim i indijskim vođama, a pričalo se da je čak imao dobre odnose sa pojedinim sveštenicima holandske reformisane crkve i da je, u stvari, *stajao* iza nekih disidenata koji su s vremena na vreme preispitivali Svetu sankciju rasne segregacije — takvo je bilo prisustvo njegove nemirne figure u crnoj mantiji, rečitost koja je prelazila u zamuckivanje i čvrsto, zgodno lice.

Ostario je otkad ga je poslednji put videla; bio je manje zgodan. Ipak je imao ono što će imati dok bude živ: neusiljeno držanje rođenog princa među ljudima, što je obeležje slavnog glumca, političkog lidera, uspešnog ljubavnika; predmet privlačnosti i zavisti koji je, bez obzira na to kolika mu je velikodušnost duha, ravnodušan prema jednoj svireposti koju mu drugi ljudi nikada neće oprostiti — posebnom obeležju, sreći sa kojom je rođen.

Bio je umoran pa je sklopio oči praveći grimasu, pokušavajući da se koncentriše dok je razgovarao sa njom, a ona je uprkos tome osećala zamagljenost svetiljke svog bića unutar njegovog polja dejstva. S njim je bilo sve u redu; s njom ništa nije bilo u redu. Imala je trideset šest godina, ali nikada nije izgledala mlađa. Oči su joj bile pametne, stidljive oči mlade žene, ali njena stopala i šake sa iskrzanim noktima odavale su napetost i patnju udova koji nikada neće milovati: videla je, videla je, u njegovom prisustvu je znala da su toga zauvek lišeni.

Njeno poniženje joj je dalo snagu. Rekla je: »Moram vam reći da želimo da se vrati u pleme — hoću da kažem, ima ih strašno malo koji su dovoljno obrazovani čak i za administraciju. U narednih nekoliko godina strašno će nam biti potrebno sve više obrazovanih ljudi ... Ne bismo želeli da mu se dopusti da o sebi razmišlja kao o svešteniku.«

Otac Odri se nasmešio na ono što se od njega očekivalo da kaže: da ukoliko dečak odabere put gospodnji, itd.

Rekao je: »Ono što vi želite jeste neko ko će se pokazati kao sposoban političar koji neće dovoditi u pitanje plemenski sistem.«

Oboje su se nasmejali, ali, ipak, on je nesvesno iskoristio priliku da prizna njihove duboko različite stavove; on je smatrao da poglavice moraju da odu, dok ona, naravno, nije videla razlog zbog koga Afrikanci ne bi razvili sopstvenu plemensku demokratiju, umesto da prihvate šemu Zapada.

»Pa, on je za nas premlad da bismo o tome sada brinuli, zar ne?« Nasmešio se. Na njegovom pisaćem stolu je bilo mnogo papira i ona je osetila pritisak njegove zaokupljenosti drugim stvarima. »Šta je sa Misijom Lemerajb? Kako sada ide sa podučavanjem — poznavala sam oca Čalmona dok je bio tamo....«

»Ja ga ne bih slao tim ljudima«, reče on promišljeno, kao da je hteo da kaže da mu je poznato njeno mišljenje o misionarima i njihovoj ulozi u Africi. U toj iskrenoj atmosferi razgovarali su o Prajzovom obrazovanju. Otac Odri je nagovestio da bi dečaka trebalo podstaći da ponovo uspostavi vezu sa svojom porodicom, pošto se jednom bude našao u blizini Johanesburga.

»Dosta su grozni.«

»Za njega bi najbolje bilo da shvati šta je bio, ako treba da prihvati ono što će tek postati.« Ustao je uz šuštanje svoje crne mantije i zakoračio, povijajući se na otvorenim vratima, da bi pozvao: »Sajmone, dovedi dečaka.« Gospođica Grem-Grig se uzbuđeno smešila u pravcu vrata, a sva njena ljubav je ostala sakrivena u njoj

Prajz je ušao obučen u nebeskoplave kratke pantalone, i belu košulju od nove školske uniforme. Ljubaznost te žene, briga tog čoveka, u njegovim očima su bili kao odsjaj sunca od vodene površine na koju se stoka dovodi na pojilo. Otac Odri je poreklom Englez, kao i ona. Eto, to su bili oni, ovo dvoje belaca koji nisu bili nalik na belce kako ih je on video. Bili su pravi Englezi. Izdaleka; šest hiljada milja odatle, kao što mu je to bilo poznato iz udžbenika geografije.

*

Prajz je dobro napredovao u novoj školi. Nedeljom je pevao u horu u velikoj crkvi; njegovo telo koje je trebalo da bude stvoreno za čoveka u divljini, bilo je sakriveno pod belom odećom. Dečaci su pušili po klozetima a jednom je bila i jedna devojka koja je došla i podala im se u jarku iza radionice. Znao je o tim stvarima još odranije, po ulicama i u kući gde je spavao u jednoj sobi sa celom porodicom. Ali on nije pričao dečacima o prvom iskustvu. Žene nisu ništa rekle gospođici Grem-Grig. Nije ni poglavica. A kada se Prajz malo zatim setio toga, shvatio je da je do sada to sigurno prošlo. Oni dečaci su se sigurno vratili iz divljine. Gospođica Grem-Grig je rekla da će kroz godinu dana, za Božić, doći da ga odvede na letnji raspust. Stvarno je i bila došla da ga poseti dva puta te prve godine, kada je dolazila u Johanesburg, ali nije mogao da se vrati sa njom za Božić, jer ga je otac Odri uključio u božićnu priredbu a i lično ga je pripremao iz latinskog i računa. Otac Odri, u stvari, uopšte nije predavao u školi — bila je to »njegova« škola jednostavno zato što ju je on otvorio, a njom je upravljao red čiji je on bio starešina — ali su izveštaji o dečakovom napredovanju bili tako zapanjujući da je, kao što je to rekao i gospođici Grem-Grig, čovek prosto osećao obavezu da mu pruži svu moguću duhovnu podršku.

»Počeo sam da verujem da ćemo biti u stanju da ga izvedemo na maturu kad bude imao samo šesnaest godina.« Otac Odri je ovo izjavio, a izgledao je kao da rizikuje da će da ispadne smešan. Gospođica Grem-Grig je uvek išla frizeru kad je dolazila u Johanesburg, pa je izgledala lepo i veselo. »Da li smatrate da bi mogao da položi prijemni za Kembridž? Moj komitet u Londonu bi dodelio stipendiju, sigurna sam — investiranje u budućeg premijera za Protektorat!«

Kada je Prajz došao, rekla je da ga je jedva prepoznala; nije bio mnogo porastao, ali je izgledao nekako *odrastao,* u dugim pantalonama i sa naočarima. »Ne moraš da nosiš naočare kad ne radiš«, rekao je otac Odri. »Pa, pretpostavljam ako ih stalno stavljaš i skidaš, onda ih negde i zaboraviš, a?« Oboje su zaćutali, smešeći se, dajući vremena da se ta slika uobliči u dečaku.

Prajz je video da je niko nije podsetio na njegovo prvo ljubavno iskustvo. Počela je da mu priča novosti o njegovim prijateljima, Tebedi, Džozefu i ostalima, ali kada je čuo njihova imena, ona kao da su pripadala ljudima koje nije mogao da vidi u svojoj svesti.

Otac Odri mu je ponekad pričao o onome što je nazivao njegovom »porodicom«, a kada je prvi put došao u školu, rekli su mu da im piše. Bilo je to dobro sročeno, na pravilnom engleskom napisano pismo, upravo ono pismo koje je on pokazao kao školsku vežbu kada se to tražilo na času. Nisu mu odgovorili. Onda je otac Odri sigurno uložio lični napor da bi sa njima stupio u vezu, jer su starica, dvoje dece, koja su bila bebe kada je otišao, i jedna od njegovih odraslih »sestara« došli u školu kada je bio dan za posete. Morali su da mu ih pokažu među onima koji su došli u posetu drugoj deci; on ih ne bi prepoznao, niti oni njega. Rekao je: »Gde mi je ujak?« — jer njega bi odmah prepoznao; nikada mu se nije ispravilo blago ugnuće na levom ramenu gde je težina starčeve ruke ostavila trag na mladoj kosti. Ali starac je bio mrtav. Otac Odri je prišao i stavio svoju ruku preko povijenog ramena, a drugu ruku oko jednog drugog mališana pa je govorio i jednom i drugom: »Hoćeš li i ti vredno da učiš pa da puno naučiš kao tvoj brat?« A malo crnče je netremice gledalo u nozdrve ispunjene čvrstim dlakama, čupave obrve, crvena usta okružna bledim podvaljkom sa porama crnim od brade ispod

kože, a zatim dole, mučen opčinjenošću, na bro-
janice koje su visile o kožnom kaišu.

Više nisu dolazili, ali Prajzu nisu mnogo ne-
dostojali posetioci, jer je sve više vremena pro-
vodio s ocem Odrijem. Kada ga nisu podučavali,
radio je na pripremi svojih lekcija ili čitao u oče-
vom kabinetu, gde je mogao onako da se kon-
centriše kako niko nije mogao ni da se nada tako
nečemu u školi. Otac Odri ga je učio da igra šah,
kao oblik mentalne gimnastike, i bio je presre-
ćan kada ga je Prajz prvi put pobedio. Prajz je
odlazio u kuću na partiju šaha skoro svako veče
posle večere. Pokušavao je da nauči i ostale de-
čake, ali posle prvih deset minuta objašnjavanja
poteza, neko bi izvadio karte ili kockice pa bi
svi igrali neku od starih igara koje su se igrale
po ulicama i dvorištima, i po kućama. Johanes-
burg je bio udaljen samo devet milja; mogla su
se videti svetla.

Otac Odri je nanovo otkrio ono što je gospo-
đica Grem-Grig bila pronašla — da je Prajz paž-
ljivo slušao muziku, ozbiljnu muziku. Jednoga
dana otac Odri je predao dečaku flautu koja je
ležala godinama u kutiji obloženoj somotom na
kojoj je još uvek bila mala srebrna pločica sa
imenom: Roland Odri. Posmatrao je dok se Prajz
njišući pripremao i savijajući noge u kolenu, zau-
zeo položaj kakav zauzimaju svi svirači na školj-
ki koje je otac Odri ranije video, a zatim poku-
šao da u nju dune stidljivo, žestoki udar muzike
koja se svira za novac na ulici. Otac Odri mu je
uzeo iz ruku. »To je upravo ono što si čuo tamo.«
Bahova solo-sonata za flautu je ležala na gramo-
fonu. Prajz se smešio i mrštio, izdižući naočare
nosom — naviku koju je počeo da stvara. »Usko-
ro ćeš naučiti da je celu sviraš tačno«, reče otac
Odri i bez stidljivosti, što potiče od navike na

privilegiju, stavio flautu u usta i odsvirao ono čega se sećao posle deset godina.

Učio je Prajza ne samo kako da svira već, isto tako, i elementima muzičke kompozicije, kako ne bi svirao jednostavno po sluhu ili jednostavno slušao iz zadovoljstva, već isto tako i da shvati ono što je čuo. Sviranje na flauti je imalo daleko više uspeha kod dečaka nego što je imao šah, pa bi mu subotom uveče, kada su ponekad priređivali koncerte, bilo dozvoljeno da je odnese u dom da svira drugovima. Jednom je svirao na priredbi za belce, u Johanesburgu; ali dečaci nisu mogli tamo da odu; mogao je samo da im priča o velikoj dvorani na univerzitetu, džez-orkestru i afričkim pevačicama i igračicama sa nakarminisanim usnama i ispeglanom kosom, kao u belkinja.

Jedino što nije zadovoljavalo oca Odrija bilo je to što se dečak nije popunjavao i rastao onoliko koliko bi čovek očekivao. Postavio je kao pravilo da Prajz mora da troši više vremena na fizičke vežbe — škola nije mogla da priušti pravu gimnastičku salu, ali je napolju bilo neke opreme. Nevolja je bila u tome što je dečak imao tako malo vremena; čak i uz njegove izuzetne sposobnosti, pokazalo se da neće biti lako da dečak kome kao njemu nedostaju osnove može da maturira u šesnaestoj godini. Brat Džordž, njegov razredni starešina, bio je siguran da bi se mogao naterati da to postigne; postojao je jedan naročito jak razlog zbog koga su svi želeli da on to učini zato što je otac Odri ustanovio da bi on imao šanse da dobije jednu slobodnu stipendiju kakvu nijedan crni dečak nikada nije dobio — kakav bi to bio trijumf za dečaka, za školu, za sve afričke dečake za koje su smatrali da su dorasli samo za »Bantu obrazovanje«! Možda će jednoga dana ovo prosjače sa ulica Johanesburga čak postati prvi crnac iz Južne Afrike koji je dobio Rodesovu stipendiju. To je bilo ono što je otac Odri u šali nazivao »grehom ponosa« brata Džordža. Ali, ko zna? Nije bilo nezamislivo. Što se ticalo dečakove fizičke kondicije — tačno je možda bilo ono što je rekao brat Džordž: »Ne mogu se hranom nadoknaditi one godine provedene po ulicama.«

Od početka prvog polugođa one godine kada je napunio petnaest godina neko je morao da sprema Prajza, da ga podstiče, da bi radio kao nikada do tada. Njegovi učitelji su mu dali ogromnu podršku; na tom putu kao da su ga nosili podupirući ga pod obe ruke tako da nije dizao glavu sa knjige. Da bi ga ohrabrio, otac Odri je sredio da učestvuje na nekim internim školskim takmičenjima koja su, u stvari, bila namenjena za anglikanske škole za belce — takmičenje iz pravopisa, debata, kviz-znanja. Sedeo je na podijumu u izglancanim dvoranama ogromnih škola za belce i davao tačne odgovore na engleskom sa afrikanskim akcentom kakav su dečaci koji su ga okruživali znali samo kao akcenat slugu i onih koji isporučuju naručenu robu.

Brat Džordž ga je često pitao da li je umoran. Ali on nije bio umoran. Samo je želeo da ga ostave samog sa njegovim knjigama. Dečaci iz škole kao da su to znali; više ga nikada nisu zvali da sa njima igra karte, pa čak i kad su zajedno pušili jednu cigaretu u klozetu, dodavali su mu da povuče bez reči. Naročito nije želeo da mu otac Odri dolazi i donosi čašu toplog mleka. Položio bi obraz na stranice knjige, ponekad, kad bi bio sam u radnoj sobi; to je bilo sve. Jedino mu je bio potreban miris vlažnog kamena na koji su se osećale knjige. Tamo gde je sebe morao da natera da se više puta vrati na stranice sa ma-

terijom koju nije shvatio, zureći uprazno u od-
štampane stranice sve dok ne bi shvatio smisao,
sada je sebe morao da prisiljava, kada je to bilo
potrebno, da ostavi činjenice koje su se rojile
van kojih on kao da više nije ništa shvatao. Po-
nekad po više minuta nije mogao da radi zato što
je mislio da bi otac Odri mogao da uđe sa mle-
kom. A kad bi došao, nikada, u stvari, nije bilo
tako loše. Ali Prajz nije mogao da mu gleda u
lice. Jednom, dvaput, pošto je ponovo izašao,
Prajz je prolio nekoliko suza. Zatekao bi sebe
kako se moli, smeši u suzama i drhti, trljajući
toplu tečnost koja mu je curila iz nosa i pravila
mrlje po knjigama.

Jednog subotnjeg popodneva dok je otac Odri
zabavljao neke goste za ručkom, ušao je u radnu
sobu i predložio da dečak izađe da malo udahne
svežeg vazduha — da izađe i uključi se u fud-
balsku utakmicu na jedan sat. Ali Prajz se borio
sa nekim geometrijskim problemima iz završnog
rada od prošle godine tako da je, na užas brata
Džordža, najednom sve to izgrešio, tog jutra.

Otac Odri je mogao da zamisli o čemu je
razmišljao brat Džordž: da li je ovo bio primer
fenomena sa kojim se tako često susretao kod
dečaka Afrikanaca manjeg kalibra — nesposob-
nost, zbog nedostatka pretpostavljenog kulturnog
nasleđa, da urade nešto što im je dobro poznato,
ako se jednom prikaže na malo drugačiji način
od onog koji je u njihovim knjigama? Glupost,
naravno, u ovom slučaju; svi su bili preterano
uzbuđeni zbog tog dečaka. Od samog početka po-
kazao je da nema ničeg mehaničkog u njegovom
procesu razmišljanja; imao je pamet, a ne samo
niz uslovljenih refleksa.

»Hajde izađi. Bolje ćeš moći kad šutneš koju
loptu na igralištu.«

Ali očaj se usadio na dečakovom licu kao neka tvrdoglavost. »Moram, moram«, rekao je on, stavljajući svoje dlanove preko knjiga.

»Dobro. Da vidimo da li možemo to zajedno da rešimo.«

Crna mantija koja je šuštala pored sjajnih cipela donela je miris cigara. Prajz je zadržao svoje oči na crnim brojanicama; kožni kaiš sa koga su one visile zapucketao je kada je krupna figura sela. Otac Odri je uzeo stolicu sa suprotne strane stola i okrenuo vežbanku prema sebi. Trljao je guste obrve sve dok se nisu uplele i uspravile, prevukao rukom preko velikog nosa, a zatim zaškiljio očima za trenutak, čudno otvorenih usta i usana zategnutih unazad u prepoznatljivu grimasu. Nešto je poskočilo, kao jedan bolni štucaj, u Prajzovom telu. Otac je smireno objašnjavao problem, svojim neusiljenim glasom Engleza.

Rekao je: »Prajze? Da li pratiš?« — dečak je izgledao mlitav, skoro gluv, kao da je glas koji je do njega dopirao bio kao i svetlost neke zvezde koja stiže na Zemlju sa nečeg davno mrtvog.

Otac Odri je ispružio svoju finu ruku, kao da pita ili saoseća. Ali je dečak poskočio, kao da izbegava udarac. »Gospodine — nemojte. Gospodine — nemojte.«

Očigledno je bila histerija; on nikada nije oslovio oca Odrija nikako drugačije već sa »oče«. Bilo je to zastrašujuće povlačenje, vraćanje na podsvesno, mesto simbola i kolektivne memorije. Govorio je u ime drugih, iz nekog drugog vremena. Otac Odri je ustao, ali se prepao kada je shvatio da je dečakovim povlačenjem on pretvoren u njegovog gonitelja, pa ga je pustio da nespretno izađe iz sobe u nekoj čudnoj panici.

Poslali su brata Džordža da umiri dečaka. Pola sata kasnije Prajz je bio dole na fudbalskom igralištu, trčao i smejao se. Ocu Odriju je trebalo nekoliko dana da preboli ovaj događaj. Stalno je razmišljao o tome kako kada je dečak izgubio svest umalo da nije i on. Ružnoća tog instinkta mu se gadila; ko bi pomislio kako, prepušteni instinktu za lovom, lisica, divlji pas, čeznu za bezazlenošću krotkog zeca ili jagnjeta. Nikada ranije u svom životu niko nije pokazao da ga se plaši. Nikada nije razmišljao o ljudima koji nisu bili kao on; onim ljudima kojima drugi okreću leđa. Za njih je osećao bar sažaljenje puno odvratnosti i prezira, za te lovce kojima voda curi iz usta. Čak je pomislio da želi da se povuče na nekoliko dana, ali to nije bilo zgodno — imao je tako mnogo obaveza. Konačno, činjenično stanje dečaka, Prajza, bila je stvar koja se vraćala u normalu. Što se dečaka ticalo, čovek bi pomislio da se ništa nije ni dogodilo. Narednog dana je izgledalo da je na sve to zaboravio; dobra stvar. I tako je unutrašnji raskol oca Odrija, opovrgnut dečakovim mirom, intimno. Pustio je da se čitava ta stvar svede na jednu napomenu u pismu gospodici Grem-Grig — sigurno to neće biti veliko preterivanje — da nagovesti da je dečak napet zbog velikog napora pri kraju i da bi njena poseta itd.; ali je ona još uvek bila u Engleskoj — neki porodični problemi su je tamo zadržali više meseci, tako da, u stvari, ona više od godinu dana nije obišla svog štićenika.

Prajz je temeljno radio na poslednjoj doradi. Brat Džordž i otac Odri su ga stalno nadgledali. Izuzetno dobro je napredovao, a činilo se da ga je potpuno oborio teret ponosa i zadovoljstva kada mu je otac Odri poklonio novo, crno naliv-pero: tim perom je trebao da piše maturski ispit. Jednog ponedeljka po podne otac Odri, koji je čitavo jutro imao sastanak sa biskupom, provirio je u svoju radnu sobu, gde je svakog popodneva mogao da vidi dečaka kako sedi za stolom koji je tu bio donet za njega. Tamo, međutim, nije nikoga bilo. Knjige su ležale na stolu. Trag sunčeve svetlosti je padao na sedište stolice.

Prajza više nisu našli. Školu su pretražili; policija je bila obaveštena; dečake su ispitivali; čitane su specijalne molitve ujutro i uveče. Sa sobom nije poneo ništa sem naliv-pera.

Kada je sve bilo učinjeno, nije ostalo ništa do tišine; niko nije pominjao dečakovo ime. Ali otac Odri je sam vodio svoju istragu. Svaki čas bi mu pala na pamet neka ideja koja bi donela olakšanje puno nade. Pisao je Adelaidi Grem--Grig: »...ono što me brine — verujem da je dečak možda bio na ivici nervnog sloma. Na sve strane lovim...« da li je bilo moguće da se probije do Protektorata? Ona je radila kao poverljivi sekretar poglavice, sada, ali je pisala i rekla da ako se dečak pojavi da će da pokuša da nađe vremena da se time pozabavi. Otac Odri je pronašao, konačno, »porodicu« — ljude kod kojih je gospođica Grem-Grig otkrila da Prajz živi kao prosjak. Preselili su ih u novi deo grada pa je trebalo vremena da ih pronađu. Našao je broj 28b, blok E, u odgovarajućoj etničkoj grupi. Bio je navikao da ulazi i izlazi iz kuća Afrikanaca pa je svoju posetu odmah objasnio jednoj starici jednostavnim rečima, pošto je znao kako ljudi mogu da budu sumnjičavi na pitanja. Nije bilo unutrašnjih vrata po ovim kućama i neka žena u jednoj sobi unutra koja se oblačila sklonila se od pogleda posetioca čim je seo. Čula je sve što su starica i otac Odri razgovarali pa je odmah ušla, blago zainteresovana. U tišini, starica je govorila: »Bože blagi, Bože blagi!« — vrtela je glavom i povijala je ka grudima u stilizovanom izrazu saosećanja;

92

nisu videli dečaka. »A tako je lepo pričao, sve je bilo tako lepo u školi.« Ali ništa nisu znali o dečaku, ama baš ništa. Ona mlađa žena je primetila: »Možda je sa onim dečacima koji spavaju u starim praznim kolima tamo u gradu — znate? — tamo blizu pivnice?«

USMENA ISTORIJA

U selu Dilolo uvek je postojala i jedna kuća
koja je ličila na kuću belca. Sagrađena od cigle,
sa krovom od koga su se odbijali signali sa sunca.
Mogli su se videti kroz drveće mopane kao što
su se videli i odsjaji kanti od parafina koje su
žene nosile na glavama, donoseći vodu sa reke.
Ostali deo sela je bio sagrađaen od rečnog mulja,
siv, oblikovan skupljenim dlanovima, sa trskom
i koljem od stabala mopane sa koje se lišće skida
kao što se skida krljušt sa rečne ribe.

Bila je to poglavičina kuća. Neke poglavice
imaju i kola, ali ovaj nije bio neki važan pogla-
vica, klan je i suviše mali za to i on je imao
uobičajenu vladinu platu. Da su mu dali kola, ne
bi mu bila ni od kakve koristi. Nema puta: »lan-
droveri« vojne patrole nalete na goveda koja drže
ljudi, isprepadana kao srne, u čestaru mopane.
Poglavičin deda je bio poglavica klanovih dedova,
a ime mu je isto kao i ime onog poglavice koji
je dao znak svojim ratnicima da polože asagaje
i uzeo prvu Bibliju od belaca iz Saveta škotske
misije.

Seljaci iz ovih krajeva ne dižu poglede, više
ne dižu, kada vojni avioni koji liče na žaoke pre-
leću dva puta dnevno. To uznemiri samo orlove
ribare, poleću, klikću, žustro podižu glave ka
svom delu neba koje je napadnuto. Muškarci koji
su bili na radu po rudnicima znaju da čitaju, ali
nema novina. Ljudi čuju preko radija izveštaj
o tome koliko je vojnih kamiona odletelo u vaz-
duh, koliko će vojnika belaca biti sahranjeno uz

pune vojne počasti — nešto što je očigledno način na koji se belci ophode prema svojim mrtvima. Poglavica je imao radio, a mogao je i da čita. Čitao je starešini plemena pismo koje je dobijeno od vlade u kome se kaže da će svako ko ih skriva ili daje hranu i vodu onima koji se bore protiv vladine armije biti zatvoren. Pročitao je jedno drugo pismo u kome se kaže da će radi zaštite sela od ljudi koji su prešli granicu, a vratili se natrag sa puškama da ubijaju ljude i pale kolibe, biti ubijen svako ko se posle mraka bude kretao kroz šipražje. Neki od mladića koji bi, odlazeći da se udvaraju ili da piju u susedno selo, možda i bili u opasnosti, više nisu ni bili kod svojih kuća na brizi svojih otaca. Mladi odlaze: nekada je to bilo u rudnike, sada — rečeno je na radiju — preko granice da bi naučili da se bore. Sinovi su odlazili sa čistine na kojoj su stajale kuće od blata; prolazili pored poglavičine kuće; prolazili pored dece koja su se igrala modelima »landrovera« kakve ima policijska patrola, napravljenim od uplefene žice. Deca su dovikivala: »Kuda ćete?« Mladići nisu odgovarali i nisu se vraćali.

Bila je tu i jedna crkva od mopane i blata sa jarbolom od mopane da bi se istakla bela zastava kad neko umre; opelo je bilo manje-više isto kao i protestantsko kakvo su misionari doneli iz Škotske, a bilo je kombinovano sa starijim ritualima da bi se novoumrli predali precima. Žene nabeljenih lica su ih uz naricanje slale na put ka strašnom sudu misionara. Deca su dobijala na krštenju imena izabrana po predskazanju uz konsultaciju između majke i jednog starca koji čita neumitnu sudbinu iz pada sitnih koščica koje se bacaju kao kockice iz rožane čaše. Prilikom svečanosti i skoro svake subote uveče pilo se pivo, čemu je prisustvovao poglavica. Jedna uspravna stolica se za njega iznosila iz njegove kuće, mada

95

su skoro svi ostali udobno čučali na pesku, i njemu je nuđeno da prvi proba iz jedne stare i ukrašene kutlače (drugi su pili iz konzerve od pasulja ili sardina) — takav je običaj ljudi u selu.

Takođe je običaj plemena kome pripada klan i potkontinenta kome pripada pleme, od Matadija na zapadu do Mombase na istoku, od Entebe na severu do Empangenija na jugu, da je svako dobrodošao da pije pivo. Nikakav putnik niti prolaznik koji vesla niz reku u svom pirogu ili po pesku ostavlja zmijski trag točkovima svoga bicikla, odajući svoj dolazak — ako psi spavaju pored vatre na kojoj se kuva, a deca su napustila svoje domaće autostrade — samo po krhkim komadićima suvog lišća dok prilazi neopažen kroz miljama duge predele obrasle u mopane, ne predstavlja prisustvo koje treba proveravati. Svako sa obe duge strane granice u blizini Dilola ima crnu kožu, govori istim jezikom i ima zajedničke običaje gostoljublja. Pre nego što je vlada počela da ubija ljude noću, kako bi sprečila da još više mladića ne ode kad iko nije bio budan da pita »Kuda ćeš?«, ljudima nije bilo ni najmanje teško da pređu i deset milja između dva sela da bi pili pivo.

Ali nepoznata lica su postala retkost. Ako bi odsjaj vatre i uhvatio takvo lice, ono bi se povuklo u tamu. Niko ne bi ni prokomentarisao takvo lice. Čak ni ono najmanje dete koje bi ga netremice gledalo, čučeći među kolenima ljudi sa mekim, dečačkim usnama koje pokrivaju zube dajući im začuđen izgled kao da je neka nevidljiva ruka odraslog čoveka bila tamo pripijena. Devojčice su se kikotale i koketirale tamo u pozadini, kao i obično. Stariji ljudi nisu pitali za novosti o svojim rođacima i prijateljima koji su bili van sela. Poglavica kao da nije razlikovao lice od lica. Pogled bi mu umesto toga pao na nekog od starijih ljudi. On je promatrao, a oni bi to osećali.

Izlazeći na zadnja vrata svoje kuće od cigala sa uglačanim betonskim stepenicima, rano ujutro, pozdravio bi jednog od njih. Čovek je prolazio sa svojim kravama koje su šantale i kozama koje su stalno meketale; zastao je, okrenuvši se kao neko ko će kroz koji trenutak nastaviti svojim putem skoro ne prekidajući korak. Ali poziv je bio njemu upućen. Poglavica je na sebi imao iskrzanu košulju bez kragne i stare pantalone, kao i taj čovek, samo što on nikada nije bio bos. U ruci sa velikim gvozdenim satom na ručnom zglobu, nosio je svoje naočare sa debelim ramom, a prste druge ruke povlačio niz svoj nos; imao je autoritativno telo čoveka koji još uvek poseduje seksualnu snagu, ali su mu oči treptale naspram svetlosti sunca i izlučivale trunčice materije nalik na pomadu u uglovima. Posle pozdrava koji su uobičajeni između poglavice i nekog od starešina sa kojim je zajedno, još od odlaska u mopanske šume gde su zajedno ležali u istoj starosnoj grupi oporavljajući se od obrezivanja, još davno postao čovek, poglavica reče: »Kada ti se vraća sin?«

»Nemam vesti.«

»Da li se prijavio za rudnike?«

»Nije.«

»Otišao na farme duvana?«

»Nije nam rekao.«

»Otišao je da nađe posao a da ne kaže svojoj majci? Kakvo je to dete? Jesi li ga učio čemu?«

Koze su jezikom dodirivale tri grbava grma koja su jedina bila ostala od žive ograde oko poglavičine kuće. Čovek je izvadio okruglu konzervu po kojoj su svud unaokolo bili tragovi dečjih zuba, vodeći računa da ne prospe imalo burmuta, uze svoju meru. Odmahnuo je rukom prema ži-

votinjama, kao da traži dozvolu: »Jedu ti kuću...«
Napravi pokret kao da treba na ih potera dalje.
»Nema tu više šta da se jede.« Poglavica nije
obraćao pažnju na svoju živu ogradu koju je za-
sadila njegova najstarija žena koja je pohađala
školu misije uz reku. Stajao je među kozama kao
da želi da postavi još pitanja. Zatim se okrete i
vrati u svoje dvorište, opraštajući se. Onaj drugi
je posmatrao. Izgledalo je kao da će nešto da
dovikne; ali umesto toga on potera svoje životinje
uobičajenim povicima, ovoga puta bespotrebno
glasno i učestano.

Često je »landrover« vojne patrole dolazio u
to selo. Niko nije mogao da predvidi kada će se
to dogoditi jer nije bilo moguće brojati dane iz-
među dve posete i biti siguran da će proći toliko
i toliko dana pre nego što se vrate, kao što je to
moglo da se učini kada je u pitanju službenik koji
prikuplja porez ili službenik koji dezinfikuje sto-
ku. Ali, mogli su da se čuju i više minuta pre
nego što se pojave dok se kao preplašene živo-
tinje probijaju kroz mopane a prašina lebdi u
vazduhu označavajući pravac iz koga su dolazili.
Deca su trčala da jave. Žene su išle od kolibe do
kolibe. Jedna od poglavičimih žena imala je pravo
na tu privilegiju da prenese novost: »Dolazi ti vla-
da u posetu.« On bi obično bio ispred kuće kada
bi se »landrover« zaustavio a vojnik crnac (mrm-
ljajući prema poglavici potrebne učtive pozdrave
na njihovom jeziku) iskočio i otvorio vrata voj-
niku belcu. Vojnik belac je naučio imena svih
lokalnih poglavica. Pozdravljao je sa grubošću
belca: »Sve u redu?« A poglavica bi mu pono-
vio: »Sve u redu.« »Nije vam niko dosađivao u
ovom selu?« »Niko nas ne dira.« Ali vojnik belac
bi dao znak svojim crncima i oni bi prošli kroz
svaku kolibu užurbano kao žene kad čiste, pre-
vrćući posteljinu, zabadajući drške pištolja u go-

milu pepela i đubreta gde su pilići čeprkali, zagledajući čak, očiju zaslepljenih od mraka, u kolibu u kojoj je jedna starica koja je poludela morala sve vreme da se čuva. Vojnik belac je stajao pored »landrovera« čekajući na njih. Pričao je poglavici o stvarima koje su se dešavale nedaleko od sela; sasvim blizu. Put koji je prolazio na pet kilometara odatle bio je dignut u vazduh. »Neko postavlja nagazne mine na putu i čim ga popravimo, opet ih stave. Ti ljudi dolaze preko reke i prolaze ovuda. Uništavaju nam kola i ubijaju ljude.«

Glave koje su se tu okupile odmahivale su kao da im je pred očima zastrašujući prizor poređanih leševa.

»I vas će poubijati — popaliće vam kolibe, sve vas — ako ih pustite da sa vama stanuju.«

Jedna žena okrete lice u stranu: »Aj-aj-aj-aj.«

Njegov kažiprst je pravio polukrug po okupljenima. »Kažem vam. Videćete šta će da vam rade.«

Poglavičina poslednja žena, koju je uzeo pre samo godinu dana, a koja je bila starosne grupe kao i njegova starija deca, nije izašla da sluša belca. Čula je od drugih šta je rekao, pa grubo mažući svoje noge mašću odlučno upita poglavicu: »Zašto hoće da pomremo, taj belac?«

Njen suprug, koji se upravo pokazao kao strasno uzdrhtali ljubavnik, postade najednom jedan od važnih staraca kome ona nije ništa značila i sa kime nije mogla da raspravlja. »Pričaš o stvarima koje ne poznaješ: Nemoj da pričaš samo da bi galamila.«

Da bi ga kaznila, ona snažno podiže žensko dete koje mu je rodila i izađe iz sobe u kojoj je spavala sa njim na velikom krevetu koji je stigao čamcem niz reku, pre nego što su mašinke bile uperene ka drugoj obali.

Pojavio se u kolibi svoje majke. Tamo, sredovečan čovek od koga su zavisili seljani, u koga se vlast uzdala kada je želela da naplati porez i izvrši naređenja o prikupljanju, postade sin — bestarosna kategorija, bez obzira na to iz koje je starosne grupe prešao u neku drugu u toku njenog i njegovog života. Starica se doterivala. Velika težina njenog tela bila je smeštena tamo gde je sedela na asuri od trske ispred vrata. Gurnuo je stolicu poda se. Bilo je postavljeno malo ogledalo sa roze plastičnim ramom i staklom, u kome je uhvatio svoj lik, naboran. Veliki crni češalj: mala izrezbarena kutija sa utisnutim crvenim zrnima pasulja za sreću koju je oduvek imala, za koju je pre pedeset godina molio da mu je daju da se igra. Čekao je, ne toliko iz poštovanja, koliko zbog ravnodušnosti prema svemu što je van njihovog zajedničkog kontakta koji se nanovo uspostavlja kao kada lavovi i njihova rodbina leže jedno naspram drugog.

Pogledala ga je iskosa, klateći praznim lukovima svojih izduženih ušnih školjki. Nije rekao zbog čega je došao.

Izabrala je sićušnu kašičicu od kosti i čačkala, podrhtavajući od napregnutosti, svaku okruglu šupljinu razvučene nozdrve. Očistila je koru sline i prašine iz svog delikatnog instrumenta i zvrcnula tu prljavštinu u suprotnom pravcu od njega.

Rekla je: »Znaš li gde su ti sinovi?«

»Da, znam gde su mi sinovi. Danas si trojicu od njih videla ovde. Dvojica su u školi, u misiji. Beba — sa majkom je.« Mali osmeh, na koji starica nije reagovala. Koga ona najviše voli među sinovima nije imalo nikakve veze sa seksualnim ponosom.

»Dobro. Možeš da budeš srećan zbog svega toga. Ali ne pitaj druge gde su njihovi.«

Kao što često biva, ljudi koji imaju istu krv dele i iste misli; za trenutak su majka i sin bili sasvim nalik jedno drugom, on kao starica, ona kao muškarac.

»Ako oni koje poznajemo nisu tu, nema uvek praznih mesta«, reče on.

Pomerila se zamišljeno, onako glomazna. Nagnula se unazad da bi ga promatrala: »Nekada je bilo da su sva deca bila naša deca. Svi sinovi naši sinovi. *Staromodni su*, ovi ljudi ovde« — ta tvrda engleska reč se svaljala sa njihovog jezika kao oblutak i zaustavila tamo gde je bila i usmerena, kraj njegovih nogu.

Bilo je proleće: listovi mopane se okreću, suše i umiru, prskajući pesak krvlju i rđom — kao neko bojno polje, mora da je tako izgledalo, iz izviđačkih aviona. Kad avgust dođe, onda kiše neće biti još dva meseca. Ništa ne raste sem muva koje se legu. Vrelina raste u toku dana, a noć je održava, bez pomeranja, do zore. U takve noći glas sa radija se prenosi tako jasno da može da se čuje od poglavičine kuće po celom selu. Vojska hvata mnoge po predelima pod šipražjem i ubija — *traži i uništi* bilo je ono što je belac sada govorio — a mnoge koji su sada u vojsci napadali su po šipražju ili dizali u vazduh u njihovim kamionima i sahranjivali uz pune vojne počasti. Očekivalo se da će se to nastaviti sve do oktobra, jer su ljudi iz šipražja znali da im je to poslednja šansa pre nego što dođu kiše i okuju njihove noge u blato.

U ove vrele noći kad ljudi i inače ne mogu da spavaju, pivo se pije sve do u kasne sate. Ljudi piju više; žene to znaju, pa vare više piva. Vatra gori, ali niko ne sedi oko nje.

101

Kad nema meseca, tama je gusta od vreline; kad je pun mesec, tama bledo svetluca u vreloj fatamorgani iznad reke. Crna lica su plava, oko noseva i bicepsa se vide linije vode. Poglavica je sedeo na svojoj stolici, a na nogama je imao cipele i čarape uprkos vrelini; oni koji su pili tu odmah pored njega, mogli su da osete patnju njegovih nogu. Konture vilica i usana primetio je na mesečini istopljenoj iznad njih, kako mesečina prosipa noćne leptire koji izleću iz belih čahura na mopanu i komarce koji se dižu sa reke, rasipajući nebeski sjaj kao svetlost na religioznim slikama koje ljudi dobijaju u misiji — viđao je ta lica tuda u poslednje vreme i usred bela dana, čak i onda. Neki vo je ubijen pa je miris mesa strujao kroz selo (samo pogledaj kako se psi ponašaju, znali su) mada nije bilo ni svadbe niti kakvih drugih svetkovina zbog kojih bi neko zaklao neku svoju životinju. Kada je poglavica sebi dopustio, bar, da se susretne sa pogledom stranca, beonjače koje su se videle pod kosim uglom su nestale i on je više gledao nego što je video pun pogled oka koje vidi: zenice sa njihovim prkosom, njihovom verom, njihovim zahtevom, kako ga promatraju. Jednom je to dozvolio da se dogodi, samo jednom. U drugim prilikama, viđao je njihove arogantno uzdignute vilice kako se okreću jedne drugima i ratničke osmehe upućene devojkama, dok su pili. Deca su im se prikrala, boreći se međusobno za mesta u njihovoj blizini. Oko ponoći — njegov sat je imao svoju galaksiju koja blista — napustio je svoju stolicu i nije se vratio iz senki kuda su ljudi išli da mokre. Često u prilikama kada se pije pivo, poglavica bi otišao kući dok drugi i dalje piju.

Otišao je u svoju kuću od cigala čiji je krov sijao skoro jasno kao dan. Nije otišao u sobu u kojoj su njegova nova žena i šesti sin sigurno spavali u velikom krevetu, već jednostavno uzeo iz kuhinje, gde su ga držali kad se ne koristi, bicikl koji pripada jednome od onih koji se motaju oko njega, rođaku ili pratiocu. Odvojio se od kuća na čistini, njegovog sela i sela njegovog dede koje je tako brzo nestalo iza njega i počeo da vozi po pesku. Nije se plašio da će susresti patrolu i da će ga ubiti; sam u noći u peščanoj šumi, toj pošumljenoj pustinji koju je poznavao odranije i koju će znati i s onu stranu života, nije verovao u snagu lutajuće bande vladinih ljudi koja bi mogla da prekrati taj život. Napredovanje je bilo teško, ali je on još kao mladić savladao veštinu vožnje po ovom, jedinom terenu koji je poznavao, i snaga mu se povrati. Posle jednog sata je stigao do vojnog garnizona, rekao stražaru sa mašinskom puškom ko je, pa je morao da čeka, pre kao prosjak, a ne kao poglavica, da bi mu se dozvolilo da priđe i da ga pretresu. Vojnici crnci su bili dežurni, ali su probudili belca. Bio je to onaj koji mu je znao ime, njegov klan, njegovo selo, tako su bili naučeni ovi moderni belci. On kao da je odmah znao zbog čega je poglavica došao; mrštio se usredsređujući se da bi shvatio detalje, usta su mu bila razvučena u osmeh, a vrh jezika se savijao dodirujući zadnje zube na način na koji čovek potvrđuje činjenice jednu po jednu na svojim prstima. »Koliko ih je?«

»Šest ili deset ili — ali ponekad je samo, recimo tri ili jedan... ne znam. Bude jedan, pa ode; pa opet dođu.«

»Uzmu hranu, odspavaju pa odu. Da. Nateraju ljude da im daju što žele, je l' tako, a? A ti znaš koji su ti što ih skrivaju — ko im pokaže gde da spavaju — naravno da znaš.«

Poglavica je sedeo na jednoj od stolica na tom mestu, vojnom mestu, a vojnik belac je stajao. »Ko je to« — poglavica je imao poteškoća da kaže na engleskom ono što je želeo, imao je utisak da to nije izlazilo kako je to on želeo niti da se to shvatalo onako kako je očekivao. »Ne mogu da znam ko je to« — ruka se nemirno pomerila, zadržao je dah pa odahnuo — »u selu ima mnogo, puno ljudi. Da li je to ovaj ili ovaj« — zastao je, odmahujući glavom, podsećajući belca na njegov autoritet, koji je beli vojnik brzo uspeo da stiša. »Naravno. Nije važno. Oni plaše ljude; ljudi ne mogu da ih odbiju. Ubijaju ljude koji kažu da neće; odsecaju im uši, znaš za to? Kidaju im usne. Zar ne vidiš slike po novinama?«

»Nikada to nismo videli. Čuli smo da to vlada kaže preko radija.«

»Oni još uvek piju ... Pre koliko vremena — pre jednog sata?«

Vojnik belac je pogledom proverio ostale ljude, čiji se položaj promenio u položaj tela koja su spremna na brz pokret: zgrabe oružje, potrče, ubace se u »landrover« koji čuvaju napolju u mraku. Podigao je telefonsku slušalicu, ali je pokrio mikrofon kao neko ko hoće da stavi neku primedbu. »Poglavico, vraćam se za trenutak. Odvedi ga u sobu dežurnog i skuvaj mu kafu. Sačekaj malo« — ispružio je ruku ka fijoci u ormanu sa leve strane stola pa je, petljajući da je otvori, izvadio dopola punu bocu rakije. Iza poglavičinih leđa pokazao je bocom prema poglavici, a crnac vojnik je poslušno priskočio da je uzme.

Kasnije te noći poglavica je otišao do kuće svoje sestre od strica u selu koje se nalazilo s druge strane vojnog garnizona. Rekao je da je išao da pije pivo pa nije mogao da vozi kući zbog policijskog časa koji su zaveli belci.

Vojnik belac ga je posavetovao da ne bi trebalo da se nađe u svom selu kad dođe do hapšenja tako da niko ne bi mogao da kaže da on sa tim

104

ima neke veze i da se ne bi izložio opasnosti da mu odseku uši zato što je vodio računa o onome što je vlada od njega tražila ili da mu unakaze usne zbog onoga što je rekao.

Sestra od strica mu je dala ćebad. Spavao je u kolibi sa njenim ocem. Gluvi stric nije bio svestan ni da je on dolazio niti da je otišao tako rano da je sinoćni mesec, veličine reflektora na biciklu, još uvek svetleo na nebu. Bicikl je naišao na zečeve skakače a da ih nije uznemirio, u šumi; osećao se smrad izmeta šakala, još uvek oštar na jutarnjoj rosi. Dim je već obeležavao njegovo selo; bile su potpaljene vatre za rano kuvanje. Zatim je video da taj dim, crne čestice koje su mu padale po licu, nije poticao od vatri na kojima se kuvalo. Umesto da ide brže, dok je upirao svojim nogama boreći se sa teškim peskom, bicikl kao da je usporavao zajedno sa njegovom svešću, da bi u svakom obrtaju točka nalazio protivnagon: da se zaustavi; da ne ide dalje. Ali nije bilo načina da ne stigne do onoga što je našao. Avioni koje su još samo deca gledala, došli su u toku noći i ispustili nešto strašno i živo o čemu niko nije mogao ni da pročita ni da čuje da bi ga se dovoljno plašio. Prvo je ugledao krvavo krzno, pas upetljan u korenje iščupanog drveta. Zemlja ispod sela kao da se raspukla i izbacila sve što je nosila: kolibe, šerpe, posude od tikvi, ćebad, metalne sanduke, budilnike, fotografije iz aparata sa zavesom, bicikle, radio-aparate i cipele donete iz rudnika, svetle tkanine koje su mlade žene uvijale na svojim glavama, lepe slike belih jaganjaca i rozikaste dece na kolenima zlatokosog Hrista koje je Savet škotske misije prvi doneo još davno — svih pet generacija u životu klana koji je hronološkim redom svaka generacija u delovima prenosila sledećoj. Kolibe su bile rasturene kao razrušeni mravinjaci. Unutar zemljanih zidova koje je ispekla i išarala vatra, trska i krovni stubovi bili su u pepelu. Drao se i spoticao od kolibe do kolibe, ništa nije odgovaralo izbezumljenosti, čak se ni pile nije podiglo pod njegovim nogama. Zidovi njegove kuće su još uvek stajali. Bila je opustošena a krov je bio nakrivljen. Crno kruto stvorenje je ležalo ispečeno na svom lancu u dvorištu. U jednoj od koliba ugledao je ljudsku figuru transformisanu na isti način, predmet od čvrstog katrana namazan na prepoznatljivom okviru. Bila je to koliba u kojoj je živela luda žena; kada su oni koji su preživeli pobegli, na nju su zaboravili.

Poglavičina majka i njegova najmlađa žena nisu bile među njima. Muška beba je ipak preživela, pa će odrasti uz brigu starijih žena. Niko ne može da kaže šta je bilo to što je vojnik belac rekao preko telefona svom komandantu i da li je komandant njemu rekao šta je potrebno da se učini, ili da li je vojnik belac znao, kao neki uobičajeni postupak potcrtan u njegovoj vojnoj obuci za ovu vrstu rata, šta će biti učinjeno. Poglavica se obesio u mopanskoj šumi. Policija ili vojska (danas je to skoro isto, ljudi ih brkaju) našli su bicikl ispod cipela koje su se njihale. Neko iz porodice ga još uvek vozi; sigurno bi propao da je ostao sklonjen u kuhinji kad je došlo do napada. Niko ne zna gde je poglavica našao konopac, u ruševinama svog sela.

Ljudi počinju da se vraćaju. Mrtvi su propisno sahranjeni tamo gde i njihovi preci u mopanskoj šumi. Mogu da se vide žene kako nose kante i pletene korpe sa blatom sa reke. Čuče u bučnim grupama i brbljaju, podižući nove kolibe. Donose snopove trske koji su viši od njih, nose ih na svojim glavama održavajući ravnotežu kao poprečna crta na velikom slovu T. Čuju se glasovi muškaraca kroz mopane dok odabiraju i obaraju stabla za krovne nosače.

Bela zastava na jarbolu od mopana visi pred kućom čiji beli zidovi, zidani kao kod belaca, stoje još od pre ovog vremena.

AFRIČKI ZAVIČAJ

U Južnoj Africi postoji prokletstvo zvano *apart-heid*, apsolutna rasna podvojenost i mržnja. To je jed-no od živih apokaliptičkih žarišta modernog sveta. Ni četiri miliona belaca nasilno, s punom represivnošću, vlada nad dvadesetak miliona crnih Afrikanaca, obes-pravljenih u svakom pogledu. Tako ustrajava savremeni logorski svet, a nad Južnom Afrikom kao nad vulkanom lebdi košmar ljudskog života. Taj košmar, pak, nijedan od retkih južnoafričkih pisaca belaca, koji drži do dos-tojanstva i istine književnog poziva, ne može i ne sme da zaobiđe. Među njima posebno mesto zauzima Nadin Gordimer sa svojim proznim delom.

Rođena 1923. godine u Springsu, nadomak Joha-nesburga, Nadin Gordimer *(Nadine Gordimer)* svoje detinjstvo, u okviru činovničke porodice iz srednjeg druš-tvenog sloja, proživljava u pejsažu ogromnih brda šljake iz obližnjeg rudnika zlata u kome, pod najtežim fizič-kim uslovima, rade Crnci. Izuzetno plodan autor, Gor-dimerova je svoju prvu priču objavila kada je imala tek trinaest godina, a prvu knjigu već s nepunih dva-deset godina. Njena dela, objavljivana prvenstveno u Engleskoj (ona i piše na engleskom jeziku), vlasti u Pretoriji često su zabranjivale: ni danas njihova prodaja u južnoafričkim knjižarama nije dopuštena. Ako čitamo priče i romane, ili čak književnopolitičke eseje Nadin Gordimer, razlozi će nam biti shvatljivi: književnica go-vori o odnosima belaca i crnih Afrikanaca, inače opse-sivnoj temi južnoafričke literature, onako kako vlasti, zagovarajući bespoštednu represiju, te odnose nikako ne mogu odobravati.

U najboljoj tradiciji svetske proze, s majstorstvom kome se nema šta prebaciti, Nadin Gordimer u svojim

109

knjigama nesumnjivo zastupa ideje klasičnog engleskog liberalizma, kao što to čini i većina u anglofonoj evropskoj inteligenciji, ali ih zastupa u sredini ekstremnog rasizma gde se, dakle, sve zaverilo, u ime interesa aparthejda, protiv tih ideja. Pisati u tim okolnostima, znači pisati usred i protiv oluja i nevolja. To pokazuju i teme o kojima priča. U njenim romanima tako čitamo o nemogućem prijateljstvu između Evropljanina i Afrikanca, ili pak o samoubistvu belca koji se, na strani Crnaca, uključio u terorističku akciju protiv vlasti. Zatim, nailazimo na povest iscrpljujućeg lutanja ilegalnog para, belkinje i crnca (pri čemu ne treba zaboraviti da se po južnoafričkom zakonu strogo kažnjavaju zatvorom seksualne veze izveđu Evropljanina i ne-Evropljanina.) Upečatljiva je i povest o nekoj afričkoj zemlji s tek dobijenom nezavisnošću, u kojoj bivši kolonijalni funkcioner, s progresivnim uverenjima, biva ubijen tokom pokušaja državnog udara protiv neokolonijalističkog režima. Međutim, možda od najsumornijih romana Nadin Gordimer jeste roman *Konzervativac* (za koji je autorka svojevremeno dobila Bukerovu, najugledniju englesku književnu nagradu za prozu). U njemu se pripoveda o bogatom evropskom industrijalcu koga napušta ljubavnica, a iz razloga savesti odbacuje sin. Junak se zatvara u samotnost jedne afričke farme, koju je bio namenio upravo ljubavnici i sinu, um mu se pomračuje, a sve njegove muke se odigravaju pred ravnodušnim očima crnačke posluge. Pitanja odnosa dece i roditelja, Gordimerova se dotiče i u romanu *Burgerova kći*. U borbi za crnačku slobodu, otac, stari komunista, umire u zatvoru, a ćerka, kojoj je zatvorska čekaonica za posete bila maltene školska učionica, odrasta sama, beži i, posle mnogih iskušenja, vraća se u Južnu Afriku, pronalazi sebe u borbi koju su vodili i njeni roditelji. I na kraju, i ona biva zatvorena...

Kad je reč o pričama (što posvedočavaju i ovih sedam, koje je autorka sama izabrala), Gordimerovu smatraju najizvanrednijom engleskom pripovedačicom, kako

110

po stilu tako i po moralnom naboju. Pred nama su priče čehovljevske snage u kojima je živopisno prikazana suština onoga što se upravo događa u tragičnoj afričkoj zemlji, oni lični i politički elementi podele njenog društva. Otkrivaju nam strašnu afričku zbilju. Pri svem tom, uprkos mogućnim političkim značenjima, u njima otkrivamo pravu umetnicu podjednako u opisima čarobnih afričkih krajolika, u istančanim analizama likova i, uopšte, intenzivnoj evokaciji ljudi, kao i izuzetnu senzibilnost kada je reč o ljubavnim prizorima prožetim spontanim erotizmom. To je Afrika Nadin Gordimer.

Izbegavajući manihejističke podele, ona nam oslikava svoje junake gotovo uvek kao antijunake: ili su to Afrikanci koje prevazilazi iskustvo njihove oslobodilačke avanture, ili su to Evropljani, prvenstveno beli stanovnici Južne Afrike (takozvani Afrikaneri), koji nesrećno pokušavaju da stanu na stranu nacionalnih afričkih pokreta. Osobito se izdvajaju sudbine žena.

Nadin Gordimer je možda pesimista koji ne vidi rešenja. A mora se priznati, ako u južnoafričkom logorskom svetu uopšte ima nekih rešenja na vidiku — da su to rešenja zla, samo zlo. Pesimista je, ali zbog toga ne manje lucidni pesimista koji dočarava isečke iz katastrofe koja traje, izgleda nulte tačke ljudske egzistencije. I kao da u svoj prozi Nadin Gordimer neprestano pita o sebi, ko je ona, traga za svojim identitetom belkinje koja zastupajući crnačku stvar nikada ne može do kraja biti sigurna u sopstveni identitet. No, veličina njenog književnog dela nam odgovara: da, ona je belkinja, rođena u Južnoj Africi, gde još živi, koja priznaje i bori se za iskonsko crnačko pravo na afričku zemlju, ali istovremeno — ta Afrika je i njen zavičaj.

Jovica AČIN

SADRŽAJ

RAD
Beograd
Moše Pijade 12

*

Glavni urednik
Dragan Lakićević

*

Za izdavača
Milovan Vlahović

*

Lektor
Jelka Milišić

*

Tehnički urednik
Jarmila Avdalović

*

Korektor
Miladin Ćulafić

*

Nacrt za korice
Janko Krajšek

*

Štampano
u 6.000 primeraka

*

Štampa
GRO »Kultura«
OOUR »Slobodan Jović«
Beograd
Stojana Protića 52

CIP — Каталогизација у публикацији
Народна библиотека Србије, Београд

896(680)-32

ГОРДИМЕР, Надин

    Dva metra zemlje / Nadin Gordimer; [preveo
Đorđe Krivokapić]. — Beograd: Rad, 1989. — 111
стр.; 18 cm. — (Biblioteka »Reč i misao«. Nova
serija; knj. 428)

Превод дела: Six Feet of the Country / Nadine
Gordimer. — Afrički zavičaj / Jovica Aćin: стр.
109—111.

ISBN 86-09-00197-0

ПК:а. Гордимер, Надин (1923—   )

ISBN 86-09-00197-0